高职高专"十二五"规划教材

汽·车·系·列

汽车柴油发动机控制技术

张宪辉 主编

U0359780

化学工业出版社

·北京·

本书从对传统柴油发动机机械喷射的介绍出发,按照汽车柴油发动机技术的发展历程,按照直列柱塞泵式柴油控制系统→分配泵式柴油控制系统→泵喷嘴柴油控制系统→单体泵柴油控制系统→共轨式柴油控制系统的顺序进行编写,并在最后一章对柴油发动机辅助控制系统进行了分类介绍。在每一章中,基本都是按照"先原理后实例"的思路进行编写,针对每一种类型的柴油发动机控制技术,都是在对其组成、构造、原理进行全面陈述的基础之上,选择了与之对应的实车技术资料(包括控制原理图或控制电路等)进行分析,对系统的控制策略进行了解读,并对系统中主要传感器的功用及失效后可能出现的故障症状进行了较为全面的说明。

　　为方便教学,本书配套有电子课件。

　　本书可作为大专院校及职业技术院校汽车专业的教材,亦可作为相关专业培训教材,并可供广大教师和汽修工程技术人员参考使用。

图书在版编目(CIP)数据

汽车柴油发动机控制技术/张宪辉主编. —北京:
化学工业出版社,2013.7(2023.8重印)
高职高专"十二五"规划教材
ISBN 978-7-122-17742-1

Ⅰ.①汽… Ⅱ.①张… Ⅲ.①汽车-柴油机-控制系统-高等职业教育-教材 Ⅳ.①U464.172

中国版本图书馆 CIP 数据核字(2013)第 138094 号

责任编辑:韩庆利　　　　　　　　　　装帧设计:尹琳琳
责任校对:陶燕华

出版发行:化学工业出版社(北京市东城区青年湖南街 13 号　邮政编码 100011)
印　　装:北京印刷集团有限责任公司
787mm×1092mm　1/16　印张12　字数297千字　2023 年 8 月北京第 1 版第 2 次印刷

购书咨询:010-64518888　　　　　　　　售后服务:010-64518899
网　　址:http://www.cip.com.cn
凡购买本书,如有缺损质量问题,本社销售中心负责调换。

定　　价:36.00 元　　　　　　　　　　　　　　　　版权所有　违者必究

前　言

汽车柴油发动机自发明至今已有一百多年的历史，尽管它具有热效率高和燃油消耗率低的优点，但由于其升功率低、比质量大、振动和噪声大、启动性能差等缺点，使得柴油发动机的应用长期以来始终局限在中、重型汽车领域。

随着电子控制技术在汽车柴油发动机上的不断应用，自 20 世纪 80 年代以来，汽车柴油发动机已从最传统的机械燃油喷射系统逐步向电控燃油喷射系统迈进，诸如电控单体泵、电控泵喷嘴等一些新型的柴油电控喷射系统在汽车领域得到了广泛的应用。柴油电控喷射系统的快速发展也为汽车柴油发动机在汽车各领域的应用奠定了坚实的基础。

特别是进入 21 世纪以来，由于能源紧张和环境保护等问题的日益突出，使得已经广泛使用"时间控制"燃油喷射、"共轨"、涡轮增压中冷、多气门、废气再循环等技术的现代汽车柴油发动机在重量、燃油经济性、噪声、烟度等方面取得了重大突破，为电控柴油发动机创造了良好的发展和应用前景。为适应这一形势，编者着手编写了本书。

本书在对传统柴油发动机燃料供给系统的组成、功用和工作原理进行介绍的基础之上，按照柴油发动机电控技术的发展历程，依次从直列柱塞泵式柴油控制系统、分配泵柴油控制系统、电控泵喷嘴、电控单体泵和柴油共轨系统分别对这几类柴油控制系统的结构组成和控制原理进行了较为全面阐述，同时对当今汽车柴油发动机普遍应用的启动控制、怠速控制、进气控制、增压控制和排放控制等辅助控制系统也作了较为详细阐述，重点对汽车柴油发动机电控系统的基本组成、主要元件结构和工作原理以及系统控制策略进行介绍，并列举了常见柴油发动机电控系统的实例加以分析和解读。

全书共分八章，内容包括：柴油发动机控制技术概述、传统柴油发动机燃料供给系统、直列柱塞泵式柴油控制系统、分配泵式柴油控制系统、泵喷嘴柴油控制系统、单体泵柴油控制系统、共轨式柴油控制系统和柴油发动机辅助控制系统。由于柴油发动机电控燃油喷射技术是在汽油发动机电控燃油喷射技术的基础上发展而来的，二者所采用的传感器的类型、结构、原理及作用等方面都基本相同，所以，本书中没有对传感器的结构及原理做过多的讲解，如有需要，可参阅汽油发动机电控系统方面的书籍。

本书是一部主要面向大专院校及职业技术院校汽修专业的教材，亦可作为相关专业教师和汽修工程技术人员的参考书使用。

本书有配套电子课件，可赠送给用本书作为授课教材的院校和老师，如有需要，可发邮件至 hqlbook@126.com 索取。

本书由大连职业技术学院张宪辉主编，辽宁农业职业技术学院崔雯辉、江苏建筑职业技术学院于秩祥副主编，黄河水利职业技术学院陈艳艳、信阳职业技术学院陈睿炜、枣庄科技职业学院张燕参编。由于编者水平有限加之时间仓促，书中不当及疏漏之处在所难免，恳请广大读者批评指正。

编　者

目　录

第一章 柴油发动机控制技术概述

一、柴油发动机技术的发展过程

柴油发动机从无到有,从不适用到实用,从实用到普及,经历了漫长的发展历程。世界上第一台柴油发动机是由德国工程师鲁道夫·狄赛尔(Rudolf Diesel)于1892年发明的。狄赛尔受面粉厂粉尘爆炸的启发,设想将吸入气缸的空气高度压缩,使其温度超过燃料的自燃温度,再用高压空气将燃料吹入气缸,使之着火燃烧。由于他发明的压缩点火式内燃机大多用柴油作为燃料,故称为柴油发动机。

柴油发动机的技术核心集中在燃料供给系统方面。然而,早期的柴油发动机,由于没有良好的燃料供给系统,其性能和转速无法满足汽车动力的要求。直至1927年,德国BOSCH公司研制出了直列式合成泵,为柴油发动机技术的发展带来了第一次飞跃,从此机械式供油系统取代了蓄压式供油系统,为改善柴油发动机的燃烧、提升柴油发动机的转速、提高柴油发动机的性能创造了条件,使柴油发动机在汽车上的应用成为可能。

1954年,瑞典的沃尔沃(VOLVO)汽车公司首先将废气涡轮增压技术应用在汽车柴油发动机上,由此带来了柴油发动机技术的第二次飞跃。增压技术的应用,使柴油发动机的升功率大幅度提高的同时,也奠定了柴油发动机作为中、重型车辆动力装置的主导地位。

尽管柴油发动机在热效率(比汽油发动机高约10%)和燃油消耗率(比汽油发动机低约20%)等方面有着汽油发动机无法比拟的优势,但自柴油发动机问世至今,在一个多世纪的发展历程中,柴油发动机始终没有摆脱机械式柴油泵和机械式喷油器组成的柴油供给系统的框架束缚,无法从根本上克服升功率低、比质量大、振动和噪声大、启动性能差、制造成本高等缺点,从而限制了柴油发动机在汽车(尤其是轿车和轻型车)上的广泛应用。直到20世纪80年代,随着电子控制技术在柴油发动机上的逐步应用,柴油发动机技术终于迎来了第三次飞跃。

在20世纪80年代以来30多年的发展过程中,汽车柴油发动机电子控制技术先后经历了"位置控制"、"时间控制"、"时间-压力控制(压力控制)"三个发展阶段。

最初的柴油发动机电控系统,采用"位置控制"方式,其系统中的供(喷)油压力与传统柴油发动机供给系统相同。该系统不仅保留了传统柴油发动机供给系统"泵—管—嘴"的基本组成和结构,还保留了原喷油泵中的齿条、滑套、柱塞上的斜槽等控制油量的机械传动机构,只是取消了机械控制部件(调速器等),在原有的喷油泵基础上,增加了传感器、电控单元、电子调速器或电/液控制执行器等组成的控制系统,对齿条或者滑套的运动位置进行电子控制,使控制精度和响应速度得以提高。其优点是柴油发动机的结构几乎不需改动,生产继承性好,便于对现有柴油发动机进行升级换代。缺点是"位置控制"系统响应慢、控制频率低、控制自由度小、控制精度还不够高,喷油压力也无法独立控制。采用"位置控制"方式的多为带有电子调速器的直列柱塞泵、分配泵等。

"时间控制"方式是柴油发动机电控燃油喷射系统发展的第二个阶段。在该种系统中,仍然维持了传统的脉动式柱塞泵油方式,但是通过设置传感器、电控单元、高速电磁阀和有关电/液控制执行器等组成数字式高频调节系统,用高速强力电磁阀直接控制高压燃油,由电磁阀的通、断电时刻和通、断电时间控制喷油泵的供油量和供油正时,其控制自由度和控制精度都是"位置控制"所无法比拟的,但供(喷)油压力还无法独立控制。电控泵喷嘴、电控单体泵均采用这种控制方式。

前两个阶段的柴油发动机电控燃油喷射系统因为燃油压力无法单独控制,与传统的柴油供给系统无本质区别,所以都属于常规压力电控喷油系统。

第三阶段的柴油发动机电控燃油喷射系统,以采用"时间-压力控制"或"压力控制"方式为重要标志。该种柴油发动机电控系统改变了传统柴油发动机燃油供给系统的组成和结构,主要以电控共轨(各缸喷油器共用一个高压油管)式喷油系统为特征,可对喷油压力进行控制,且喷油压力较高,也称之为高压电控喷油系统。

"时间-压力控制"方式是在"时间控制"的基础之上增加了对燃油喷射压力的控制,将燃油高压建立过程和燃油喷射过程在时序上完全分开,实现喷油量、喷油压力、喷油定时更加灵活、柔性的控制。

二、 汽车柴油发动机电控系统的组成

1. 柴油电控系统的基本组成

汽车柴油发动机电控系统是在汽油发动机电控系统的基础之上发展而来的,因此,二者之间有很多的相似之处。如图1-1所示,任何一种电控系统都是由传感器、电控单元(ECU)和执行器三大部分组成。

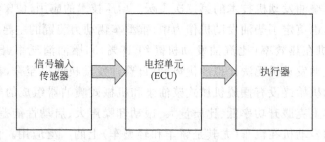

信号输入传感器 → 电控单元(ECU) → 执行器

图 1-1　电控系统的基本组成

2. 柴油电控系统的传感器

传感器是电控系统中的信号输入装置,它们用于采集控制系统所需的信息,并将其转换成电信号通过线路输送给电控单元(ECU)。在柴油发动机电控系统中,所使用的传感器主要有三种类型:一种是运行工况传感器,如加速踏板位置传感器、凸轮轴/曲轴位置传感器、空气流量计等。它们主要用来检测柴油发动机的基本运行工况,一般作为控制系统工作时的主要控制信号,用来确定基本循环供(喷)油量或基本供(喷)油提前角等;第二种是修正信号传感器,如冷却液温度传感器、燃油温度传感器、进气温度传感器、进气压力传感器等。它们是用于检测柴油发动机运行工况非基本参数的传感器,这类传感器向ECU输送的信号,作为控制系统工作时的辅助控制信号,用来对基本循环供(喷)油量或基本供(喷)油提前角等进行修正;还有一种就是反馈信号传感器,主要是指在对供(喷)油量和供(喷)油正时实施闭环控制时用来检测控制系统执行器实际位置的传感器,通常包括供(喷)油量传感器(如供油齿条位置传感器、

滑套位置传感器、燃油压力传感器等)和供(喷)油正时传感器(如分配泵正时活塞位置传感器、着火正时传感器等)两大类。

3. 柴油电控系统的电控单元

电控单元(ECU)是一种综合控制电子装置,其功用是给各传感器提供参考(基准)电压,接受传感器及其他装置输入的电信号,对所接受的信号进行存储、计算、分析和处理,并能根据计算和分析的结果向执行器发出指令。在柴油发动机电控系统中,ECU的主要功用是根据各传感器输入信号和内存程序,计算出供(喷)油量和供(喷)油开始时刻,并向执行器发出指令信号。柴油发动机电控系统在运算原理、控制原理、存储原理、数据传输原理及程序设计等方面与汽油发动机电控系统基本相同,在此不做赘述。

4. 柴油电控系统的执行器

执行器就是受ECU控制的动作元件,用于执行某项具体的控制功能。柴油发动机电控系统中所用的执行器与汽油发动机有很大的不同,特别是在燃油喷射控制中所用的执行器。由于柴油发动机缸内混合的特征对循环喷油量、喷油正时的精度要求很高,并且柴油发动机燃油喷射又具有高压、高频和脉动等特点,又加上柴油发动机燃油喷射装置的多样性,因而使得现代汽车柴油发动机电控系统在燃油喷射控制中所用的执行器远比汽油发动机复杂,技术含量也要高得多。可以说,柴油发动机电控技术的关键和难点就是执行器。

按结构原理不同,柴油发动机电控系统执行器可分为电磁式和电液(或电气)式两类。电磁式执行器直接以电磁能量为驱动能量,实施对被控制对象调控,如作为执行器的电磁阀、直流电动机等。电液(或电气)式执行器由电磁线圈与各种油压或气压伺服机构组成,如在电控直列泵或电控分配泵中采用的正时控制器等。

按对被控制对象实施调控的方式不同,柴油发动机电控系统执行器可分为直接调控和间接调控两种类型。如在采用"时间控制"的柴油发动机电控燃油喷射系统中所用的高速电磁阀,它的通、断电时刻和通、断电时间就直接调控了供(喷)油量和供(喷)油正时,属于直接调控型执行器;而在采用"位置控制"的柴油发动机电控燃油喷射系统中所用的电子调速器,它是通过高压油泵的油量调节机构来实现供油量控制的,因此属于间接调控型执行器。

按运动状态不同,柴油发动机电控系统执行器可分开关式(如开关式电磁阀)和连续动作式(如占空比控制型电磁阀、直流电动机)两类。

三、汽车柴油发动机应用的主要技术

经过多年的研究和新技术应用,柴油发动机的技术现状已与以往大不相同。现代先进的柴油发动机一般采用电控燃油喷射、高压共轨、涡轮增压中冷等技术,在重量、噪声、烟度等方面已取得重大突破,达到了汽油发动机的水平。

1. "共轨"技术

在传统柴油发动机燃料供给系统中,高压油管中柴油的压力随发动机的转速、负荷等因素而变化,使实际的喷油量、喷油正时、喷油规律无法实现精确控制,而由于高压油泵与各缸喷油器间一般均有独立的高压油管,控制各高压油管中柴油的压力比较困难。为此,现代柴油发动机采用了"共轨"技术。

柴油发动机的"共轨"技术与汽油发动机电控燃油顺序喷射技术非常相似。所谓"共轨",就是指"公共油轨"或称公共供油管,是利用一个"公共油轨"向各缸喷油器供油。现代柴油发动机采用"共轨"技术,由高压油泵把高压燃油输送到"公共油轨",通过由高压油泵、压力传感器和ECU组成的闭环电子控制系统,对"公共油轨"内的油压实现独立且精确地控制,以减小喷油压力的波动和各喷油器间的相互影响,从而提高对喷油量的控制精度。

2. "时间控制"燃油喷射技术

在传统柴油发动机燃料供给系统中,供(喷)油的开始与结束时刻,都是由供油提前角自动调节器、高压油泵和喷油器这些机械装置来控制的。现代柴油发动机通过由ECU控制的高速电磁阀来直接控制供(喷)油的开始与结束时刻,利用高速电磁阀动作频率高、控制灵活的特点,使控制供(喷)油量和供(喷)油正时的精度大大提高,并且能方便地实现预喷射和优化喷油规律等功能。

3. 涡轮增压中冷技术

涡轮增压中冷技术是指利用涡轮增压器将新鲜空气压缩,再经过冷却器冷却使被压缩的空气温度降低(可降至50℃以下),然后经进气歧管、进气门流入气缸。空气进入气缸前,经过压缩、冷却两次提高密度,使柴油发动机的充气效率大幅度提高,不仅增大了柴油发动机的升功率,而且对改善柴油发动机的燃油经济性和降低排放污染也有利。

4. 多气门技术

与汽油发动机相同,现代柴油发动机也广泛采用多气门技术(每个气缸2个以上气门),以减小进、排气阻力,改善柴油发动机的性能。

5. 废气再循环技术

现代柴油发动机采用废气再循环技术的目的与汽油发动机相同,均是为了降低燃烧的最高温度,从而降低NO_x的排放量。

四、 汽车柴油发动机应用的主要控制系统

随着柴油发动机电控技术的发展,柴油发动机电控系统从最基本的燃油喷射控制,即供(喷)油量控制和供(喷)油正时控制,已扩展到包括对供(喷)油速率控制和喷油压力控制在内的多项目标控制的燃油喷射控制;并从单一的燃油喷射控制扩展到包括启动控制、怠速控制、进气控制、增压控制、排放控制、故障自诊断、失效保护等在内的全方位集中控制。

复习思考题

1. 汽车柴油发动机电子控制技术先后经历了哪三个发展阶段?
2. 汽车柴油发动机电控系统主要由哪几部分组成?
3. 现代汽车柴油发动机采用的主要先进技术有哪些?
4. 应用在汽车柴油发动机上的电控系统主要有哪些?

第二章 传统柴油发动机燃料供给系统

第一节 柴油发动机燃料供给系统的组成

一、柴油发动机燃料供给系统组成与功用

汽油发动机和柴油发动机是目前汽车普遍采用的两种类型的动力装置。与汽油发动机相比，柴油发动机有着诸多方面的差异，如表 2-1 所示。

表 2-1 柴油发动机与汽油发动机的区别

比较项目	汽油发动机	柴油发动机
燃料	汽油	柴油
着火方式	点燃式	压燃式
工作压力	低压	高压
系统组成	有点火系统	无点火系统，有高压油泵
燃烧室	形式不同	
混合气	形成时间和所需过量空气系数不同	
……	……	

从表 2-1 可以看出，除了机械结构（如燃烧室的形状）的差异之外，柴油发动机与汽油机的主要差异在于燃料供给系统。

柴油发动机燃料供给系统的功用是根据柴油发动机的工作要求，在适当的时刻将定量、定压、洁净的柴油，按照柴油发动机的工作次序喷入各个气缸，与吸入气缸内的空气迅速、良好地混合和燃烧，并将燃烧后的废气排出。燃料供给系统的工作状况对柴油发动机的动力性、经济性、排放污染、噪声污染和使用寿命等都有重要影响。

传统柴油发动机燃料供给系统的组成如图 2-1 所示，主要由燃油箱 11、输油泵 9、柴油粗滤器 10、柴油细滤器 1、喷油泵 13、喷油器 4、低压油管、高压油管 3 和回油管 2、7 等组成。

燃油箱中储存着经过沉淀和过滤的柴油。柴油从燃油箱 11 经柴油粗滤器 10 被吸入输油泵 9 并泵出，经柴油细滤器 1 进入喷油泵 13。自喷油泵输出的高压油经高压油管 3 和喷油器 4 喷入燃烧室。由于输油泵的供油量比喷油泵供油量大得多，过量的柴油便经回油管 7 回到输油泵。

从燃油箱到喷油泵入口的这段油路中的油压是由输油泵建立的，其出油压力通常为 0.15～0.3MPa，所以这段油路称为低压油路，用来向喷油泵供给过滤的柴油。从喷油泵到喷油器这段油路中的油压是由喷油泵建立的，一般在 10MPa 以上，所以这段油路称为高压油路。高压的柴油通过喷油器呈雾状喷入燃烧室，与空气混合形成可燃混合气。

为了在柴油发动机启动时排除整个油路中的空气，将柴油充满喷油泵，在低压油路上通常

都装有手油泵。

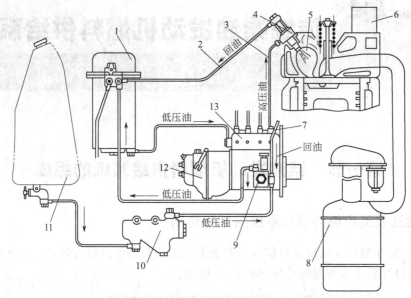

图 2-1　传统柴油发动机燃料供给系统的组成

1—柴油细滤器;2,7—回油管;3—高压油管;4—喷油器;5—涡流室;6—排气管;
8—空气滤清器;9—输油泵;10—柴油粗滤器;11—燃油箱;12—调速器;13—喷油泵

1. 喷油器

喷油器的功用是将喷油泵输送来的高压柴油按一定的射程和分布面积以雾状形式喷入燃烧室,以利于可燃混合气的形成和燃烧。

根据可燃混合气形成与燃烧的要求,喷油器应具有一定的喷射压力和射程、良好的雾化性能,以及合适的喷射锥角。另外,喷油器在规定的停止喷油时刻能迅速地切断燃油的供给,不发生滴漏现象。

为实现上述要求,喷油器一般需由以下几个部分组成:

① 基础件:即喷油器体,是一带有内腔、供油孔及内、外螺纹的壳体类零件;

② 油管接头:包括进油管接头及回油管接头(含垫片及滤芯);

③ 油压调整及控制件:包括调压弹簧、顶杆及调压螺钉;

④ 供油件:针阀及阀座(针阀体-偶件);

⑤ 防护件:调压螺钉护罩、针阀体紧固螺套及相应的垫圈等。

具体如图 2-2 所示。

喷油器的种类较多,目前,汽车柴油发动机上装用的喷油器均为"闭式"喷油器,即喷油器在不喷油时,喷孔被针阀关闭,将燃烧室与喷油器的油腔彻底分隔开。常用的闭式喷油器可分为两种结构类型:一种是孔式喷油器,另一种是轴针式喷油器。

（1）孔式喷油器

孔式喷油器主要用于具有直接喷射式燃烧室的柴油发动机。孔式喷油器喷油孔数目一般为 1～8 个,喷孔直径为 0.2～0.8mm,喷油压力较高（12～25MPa）。喷孔的角度可使喷出的油束构成一定的锥角。喷孔数和喷孔角度的选择视燃烧室的形状、大小及空气涡流情况而定。其基本构造如图 2-3 所示。

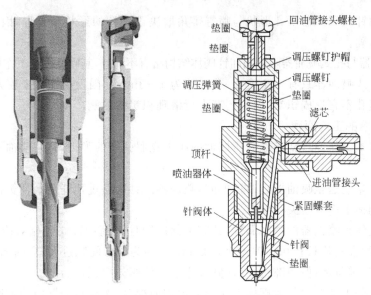

图 2-2　传统柴油发动机喷油器的结构

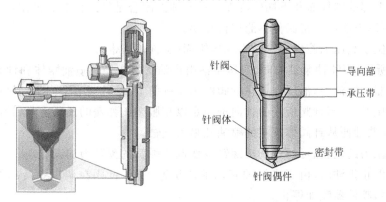

图 2-3　孔式喷油器的结构

（2）轴针式喷油器

轴针式喷油器多用于对喷雾要求不高的分隔式燃烧室,它的构造与孔式喷油器相似。不同之处在于针阀下端的密封锥面以下还延伸出一个轴针,其形状可以是圆柱形或倒锥形,如图 2-4 所示。因此,轴针与针阀体下端的孔形成环状狭缝(通常轴针与孔的径向间隙为 0.05mm),喷油器喷油时,柴油从环状狭缝中呈空心圆柱状(轴针为圆柱形)或空心圆锥状(轴针为倒锥形)

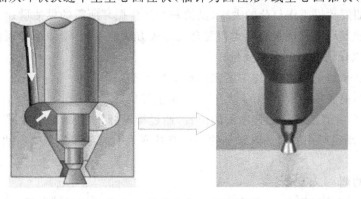

图 2-4　轴针式喷油器的结构

喷入燃烧室。轴针式喷油器喷孔形状与喷雾锥角取决于轴针的形状和升程,因此要求轴针的形状加工非常精确。

轴针式喷油器与孔式喷油器除针阀和针阀体结构略有不同外,其它结构及工作原理完全相同。

常见的轴针式喷油器只有一个喷孔,孔径约为1~3mm。因为喷孔直径较大,孔内的轴针又上、下运动,喷孔不宜形成积炭,而且还有自行清理积炭的功能。

(3)喷油器的工作原理

喷油器的基本工作原理就是靠高压燃油的压力克服弹簧的弹力,打开喷油孔,使燃油喷入气缸的。

在高压燃油未输送至喷油器进油口期间,喷油器的针阀通过顶杆受到弹簧预紧力的作用,紧紧地靠在针阀体上而处于关闭状态。

针阀与针阀体是喷油器的精密偶件,针阀上部的圆柱表面和针阀体相对应的内圆柱面配合精度很高,其配合间隙只有0.0010~0.0025mm。因为配合间隙过大,会因漏油而导致油压下降,直接影响喷雾质量;但间隙过小,针阀又不能在针阀体中正常运动。

喷油器针阀的下端锥面与针阀体上相应的内锥面配合,实现喷油器内腔的密封,也称为密封锥面。针阀上部的圆柱面及下端的锥面与针阀体的配合是经过精磨后再相互研磨以保证其配合精度的,所以喷油器精密偶件不能进行互换。

针阀中部位于高压油腔内的锥面为承压锥面(也称承压带)。

如图2-2所示,当喷油泵供油时,高压柴油由进油管接头经过喷油器体和针阀体内的油道进入针阀喷油器高压油腔,油压作用在针阀的承压锥面上,给针阀一个向上的轴向推力。随高压油腔内的油压升高,当针阀所受的轴向推力足以克服调压弹簧的预紧力时,针阀向上移动而打开喷孔,高压柴油便从针阀体下端的喷油孔喷入气缸。

针阀开启压力的调整,可通过调压螺钉改变调压弹簧的预紧力加以实现。

当喷油泵停止供油时,由于高压油路内油压迅速下降,针阀在调压弹簧的作用下及时回位,喷孔被关闭,喷油器喷油停止。

喷油器工作时,会有少量柴油从针阀与针阀体配合面之间的间隙漏出,这部分柴油对针阀可起到润滑作用,并沿顶杆周围的空隙上升,通过回油管流回柴油滤清器或油箱。

2. 喷油泵

喷油泵的功用是按照柴油发动机各缸的工作次序定时、定量地向喷油器输送高压燃油。

为保证多缸柴油发动机的正常工作性能,喷油泵应满足以下各方面的要求:

① 喷油泵的喷油次序应符合柴油发动机各缸的工作次序;

② 根据柴油发动机工作负荷的大小,供给每个工作循环所需的供油量;

③ 根据柴油发动机燃烧室的形式和混合气形成方法的不同,喷油泵必须向喷油器供给足够压力的燃油,以保证良好的雾化质量;

④ 保证各缸喷油量均匀,不均匀度在标定工况下不大于3%~4%;

⑤ 各缸供油提前角一致,相差不大于0.5°曲轴转角;

⑥ 断油迅速,并且能根据加速踏板的位置,通过操纵杆,方便地增加或减少循环供油量。

汽车柴油发动机所用的喷油泵常见的主要有柱塞式喷油泵和分配式喷油泵两种,如图2-5所示。

3. 柴油滤清器

柴油在储存、运输过程中,往往会混入一些尘土、水分或其它机械杂质。另外,由于温度变

(a) 直列柱塞泵

(b) 分配泵

图 2-5 传统柴油发动机喷油泵的类型

化以及和空气接触,会有少量石蜡从柴油中析出。当温度高于 80℃ 时,由于柴油的抗高温氧化性下降,还会形成沥青、结焦等物质。因此,柴油在进入喷油泵之前,必须清除其中的杂质。若过滤不佳,将加剧柴油发动机喷油泵、喷油器等精密偶件的磨损,引起各缸供油不均,功率下降,油耗增加。

柴油滤清器有粗滤器、细滤器之分。柴油粗滤器一般安装在输油泵之前,用来清除柴油中颗粒较大的杂质。柴油细滤器一般安装在输油泵之后,用来清除柴油中的微小杂质。柴油滤清器的滤芯有金属缝隙式、片式、网式、纸质式、毛毡式等几种。纸质滤芯由于具有流量大、阻力小、过滤效果好、成本低、使用寿命长、抗水性能强等优点,因而得到广泛的应用。纸质滤芯柴油滤清器如图 2-6 所示。

有的柴油发动机设有两级柴油滤清器,也有的只设有单级柴油滤清器。

4. 油水分离器

为了除去柴油中的水分,一些柴油发动机在柴油箱和输油泵之间装设有油水分离器。如图 2-7 所示,油水分离器由手压膜片泵、液面传感器、浮子、分离器壳体和分离器盖等组成。来

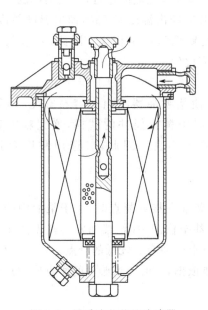

图 2-6 纸质滤芯柴油滤清器

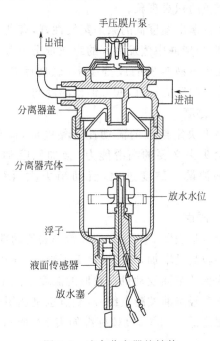

图 2-7 油水分离器的结构

自柴油箱的柴油经进油口进入油水分离器,并经出油口流出。柴油中的水分在分离器内从柴油中分离出来并沉积在壳体的底部。浮子随着积水的增多而上浮。当浮子到达规定的放水水位时,液面传感器将电路接通,仪表板上的报警灯发出放水信号,这时驾驶员应及时旋松放水塞放水。手压膜片泵供放水和排气时使用。

【注:关于输油泵、喷油泵、调速器等相关的具体内容将在后续章节中按照不同类型的柴油供给系统分别予以介绍。】

二、柴油

柴油是在 260～350℃ 的温度范围内由石油中提炼出来的碳氢化合物,其基本成分是:碳的质量分数为 87%,氢的质量分数为 12.6%,氧的质量分数为 0.4%。

汽车柴油发动机使用的燃料为轻柴油。柴油的使用性能对柴油发动机的燃烧有重要影响。其使用性能指标主要包括发火性、蒸发性、黏度和凝点。

1. 发火性

发火性是指柴油的自燃能力,用十六烷值表示。发火性好的柴油,燃烧过程的着火延迟期短,柴油发动机工作柔和。十六烷值过高的柴油中,含不易蒸发的重质馏分多,蒸发性较差,容易高温裂解,会导致排气冒黑烟,经济性下降。汽车柴油发动机所使用柴油的十六烷值一般在 40～60 范围内。

2. 蒸发性

蒸发性是指柴油汽化的特性,它直接影响可燃混合气形成,对燃烧过程也有一定的影响。与汽油一样,柴油的蒸发性通常也用馏程表示,主要以 50% 馏出温度、90% 馏出温度和 95% 馏出温度作为评价柴油蒸发性的指标。

同一相对蒸发量的蒸馏温度越低,越有利于可燃混合气的形成与燃烧,越有利于启动,但同时也会使柴油发动机工作粗暴。相反,则会造成柴油雾化不良,汽化缓慢,使燃烧不完全而产生严重的积炭现象。

50% 馏出温度低的柴油蒸发性好,有利于混合气的形成和燃烧的进行,对发动机的冷启动也有利,但柴油中蒸发性好的组成成分其发火性差。90% 馏出温度和 95% 馏出温度越高,说明柴油中不易蒸发的成分越多,燃烧后容易导致排气冒烟和产生积炭。因此,要求柴油的 50% 馏出温度应适宜,90% 馏出温度和 95% 馏出温度应比较低。

3. 黏度

黏度决定柴油的流动性。黏度低,流动性好,柴油从喷油器喷出时容易雾化,但黏度过低会失去必要的润滑能力,会加剧喷油泵和喷油器中精密偶件的磨损,增大精密运动副的漏油量。黏度过大,流动阻力大,滤清困难,喷雾不良。因此,应选用黏度合适的柴油。

4. 凝点

凝点是表示柴油冷却到开始失去流动性的温度。柴油在接近凝点时,由于柴油中的石蜡结晶颗粒数量增加,流动性严重下降,会导致供油困难甚至供油中断,柴油发动机无法正常工作。为保证柴油发动机在较低的温度下能正常工作,要求柴油应有较低的凝点。

国产轻柴油按凝点编号,凝点也是选用柴油的主要依据,一般要求柴油的凝点应比最低的环境温度低 3～5℃,具体标准如表2-2所示。

表 2-2　轻柴油的选用

牌　　　号	适 用 范 围
10 号	有预热设备的柴油发动机
5 号	气温在 8℃ 以上地区
0 号	气温在 4℃ 以上地区
−10 号	气温在 −5℃ 以上地区
−20 号	气温在 −14℃ 以上地区
−35 号	气温在 −29℃ 以上地区
−50 号	气温在 −44℃ 以上地区

第二节　柴油发动机可燃混合气的形成与燃烧室

一、可燃混合气的形成与燃烧

柴油发动机可燃混合气的形成与燃烧条件比汽油发动机差得多，这是因为柴油发动机在进气行程进入气缸的是纯空气，在压缩行程接近终了时，柴油才被喷入气缸，为了保证柴油发动机的动力性和燃油经济性，燃烧过程必须在活塞上止点附近迅速完成，要求喷油持续时间极为短促，只有 $15°\sim30°$ 的曲轴转角。柴油发动机混合气形成的时间只是汽油发动机混合气形成时间的 $1/20\sim1/10$。因此，混合气形成时间极短。

如图 2-8 所示，为柴油发动机在压缩过程和做功过程中，气缸内压力 p 随曲轴转角 θ 变化的曲线。当曲轴转到相应与上止点前的 O 点的位置时，喷油泵开始供油，O 点也称为供油始点。当曲轴转到相应于稍后一些的 A 点位置时，即开始喷油，A 点称为喷油始点。O 点与上止点之间的曲轴转角称为供油提前角，而 A 点与上止点之间的曲轴转角称为喷油提前角。喷入气缸内的柴油要在曲轴已转到相应于 B 点的位置才开始燃烧，B 点称为燃烧始点。

柴油发动机可燃混合气的形成和燃烧共分为四个阶段：

第一阶段为**备燃期**。备燃期是指喷油始点 A 与燃烧始点 B 之间的曲轴转角。在此期间，喷入气缸的雾状柴油从气缸内的高温空气吸收热量，逐渐蒸发、扩散，与空气混合，进行燃烧前的化学准备。

第二阶段为**速燃期**。速燃期是指从燃烧始点 B 到气缸内压力达到最高的 C 点之间的曲

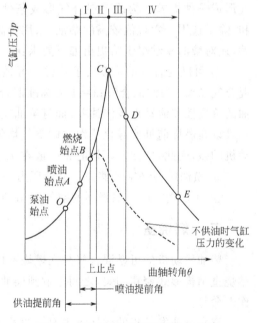

图 2-8　气缸压力与曲轴转角的关系

Ⅰ—备燃期；Ⅱ—速燃期；Ⅲ—缓燃期；Ⅳ—后燃期

轴转角。从 B 点起,火焰自火源迅速向各处传播,使燃烧速度迅速加快,急剧放热,导致燃烧室中温度和压力迅速上升,直到压力达到 C 点所表示的最高点为止。在此期间,早已喷入但尚未来得及蒸发的柴油便能在已燃气体的高温作用下,迅速蒸发、混合、燃烧。

速燃期的燃烧情况与备燃期的长短有关。一般情况下,备燃期越长,则在气缸内积聚并完成燃烧准备的柴油就越多,以致在燃烧开始后气缸压力急剧升高,甚至造成柴油发动机工作粗暴。

第三阶段为**缓燃期**。缓燃期是指从压力最高点 C 到最高温度点 D 之间的曲轴转角。这一阶段喷油已经结束。在此阶段开始时燃烧很快,但由于氧气减少,废气增加,燃烧条件不利,故燃烧速度越来越慢,使热量积聚,所以燃气温度能继续升高。

第四阶段为**后燃期**。后燃期是指从最高温度点 D 到 E 点之间的曲轴转角。这一阶段从 D 点开始,燃烧在逐渐恶化的条件下于膨胀行程中缓慢进行,直到停止(E 点),在此阶段,压力和温度均降低。

从对上述燃烧过程的分析可以看出,正确组织燃烧过程的规律,对提高柴油发动机的动力性及经济性是十分必要的。较完善的燃烧过程应该是既能避免发生工作粗暴的现象,又要使燃料能在上止点附近较短的时间内燃烧完毕。影响燃烧过程的因素很多,其中主要有燃料性质(如十六烷值)、压缩比、混合气的形成与燃烧室结构、喷油规律与喷油提前角等。

柴油发动机由于混合气的形成时间极短,而柴油又是以颗粒状进入燃烧室,使可燃混合气形成条件极差。为改善混合气形成条件,避免出现太长的备燃期,保证柴油发动机工作柔和,除了选用十六烷值较高的柴油,采用较高的压缩比,以提高气缸内空气温度,促进柴油蒸发外,还对柴油发动机供给提出如下要求:

① 可燃混合气的浓度要求较稀。可燃混合气的浓度用过量空气系数 λ 表示($\lambda > 1$ 为稀混合气;$\lambda < 1$ 为浓混合气;$\lambda = 1$ 为标准混合气)。柴油发动机的 λ 通常都大于1,这是因为柴油的蒸发性和流动性较汽油差,而且柴油发动机混合气形成时间较汽油发动机短促得多,使柴油难以在燃烧前彻底雾化蒸发并同空气均匀混合,即柴油发动机可燃混合气的品质较汽油发动机的差,因此,柴油发动机的 λ 一般在 1.15～2.2 之间。

② 喷油压力必须足够高。喷油压力一般应在 10～12MPa 以上,以利于柴油雾化

③ 在燃烧室内组织强烈的空气运动,促进柴油和空气的混合。

二、燃烧室

柴油发动机的可燃混合气是在燃烧室内部形成的,可燃混合气的形成品质和燃烧性能与燃烧室结构形式密切相关,之间影响到柴油发动机的动力性、经济性、排放指标、噪声指标和工作寿命等。

汽车柴油发动机的燃烧室主要有两种大的类型:直接喷射式燃烧室和分隔式燃烧室。

1.直接喷射式燃烧室

直接喷射式燃烧室也称统一式燃烧室,由凹形活塞顶与气缸盖底面所包围的空间组成。该类型燃烧室其几乎全部的容积都在活塞顶面上,按活塞顶面形状不同,又可分为 ω 型、球型等,其结构形式如图 2-9 所示。直接喷射式燃烧室的燃油自喷油器直接喷射到燃烧室中,借助油柱喷射形状和燃烧室形状的匹配以及室内空气的涡流运动,促使可燃混合气迅速形成。

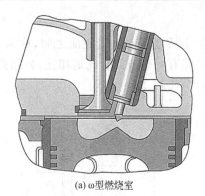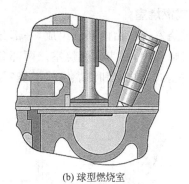

(a) ω型燃烧室　　　　　　　　　　(b) 球型燃烧室

图 2-9　直接喷射式燃烧室

ω型燃烧室是直接喷射式中使用较多的形式。燃烧室中的活塞凹顶剖面轮廓呈 ω形。通常采用螺旋进气道或切向进气道,组织中等强度的绕气缸轴线运动的进气涡流,以促进混合气的形成和改善燃烧状况。被喷入气缸内柴油中的一部分分布在燃烧室空间内,另一部分被空气涡流甩到燃烧室壁面上,形成油膜。由于混合气形成以空间混合为主,因此这种燃烧室要求的喷油压力较高,一般为 17～22MPa,并应采用小孔径的多孔喷油器,以使喷射形状与燃烧室形状大致相同。

ω型燃烧室具有形状简单、易于加工、结构紧凑、散热面积小、热效率高等诸多优点,由于总有一部分燃油在空间先形成混合气而发火,因此柴油发动机的启动性能好。当然,缺点也是存在的,例如要求喷油压力高,所以和其配套的喷油器和喷油泵中的配合偶件加工精度要求高;备燃期内形成的混合气较多,导致柴油发动机工作比较粗暴。

球型燃烧室的活塞凹顶表面轮廓为球形,适宜利用螺旋进气道组织强烈的空气涡流,并采用单孔或双孔喷油器将燃油在高压下顺气流和接近于燃烧室的切线方向喷入燃烧室内。燃油的绝大部分分布于燃烧室壁上,形成比较均匀的油膜,只有极少量燃油喷散在空间。均布的油膜从燃烧室壁上吸收热,逐层蒸发。强烈的空气涡流加速了油膜的蒸发且使混合气更为均匀。而原已喷散在室内空间的雾状燃油,首先完成与空气的混合而发火,成为火源,起引燃作用。随着燃烧的进展,室内的温度和空气流速越来越高,可以保证燃油以越来越高的速度蒸发并与空气均匀混合,使燃烧过程得以及时进行。

球型燃烧室混合气形成速度开始较慢,备燃期内形成并积蓄的混合气较少,燃烧初期压力升高和缓。此后,混合气形成速度越来越高,不会使燃烧拖延。所以球型燃烧室优点是柴油发动机工作比较柔和,并且柴油发动机有较高的动力性和经济型。其缺点是柴油发动机启动较困难。球型燃烧室要求燃油喷射具有一定的能量,喷射时尽量不分散。因此,也必须具有 17～19MPa 的喷油压力。

综上所述,直接喷射式燃烧室柴油自喷油器直接喷射到燃烧室中,借助进气涡流和活塞压缩时产生的挤气涡流迅速形成可燃混合气。所以,其可燃混合气的形成一方面要靠燃油的喷雾和分布,因此必须用多孔喷嘴,较高的喷油压力,并要求油束密切配合燃烧室的形状来提高雾化质量;另一方面,要利用进气涡流和挤气涡流来提高空气利用率。这种燃烧室由于结构简单、紧凑、热损失少。且无节流损失,所以燃油经济性好。但缺点是由于要求有高的喷油压力和孔径小、孔数多的多孔喷油器,所以对整个供油系统的要求高;同时,由于在备燃期内形成的混合气量较多,柴油发动机工作比较粗暴;此外,采用直接喷射式燃烧室,废气中 NO 排放量相对较高。

2. 分隔式燃烧室

分隔式燃烧室一般由两部分组成,一部分位于活塞顶与缸盖底面之间,称为主燃烧室;另一部分位于气缸盖中,称为副燃烧室。两部分之间有一个或几个孔道相连,分隔式燃烧室常见的形式有涡流室式燃烧室和预燃室式燃烧室两种,如图 2-10 所示。

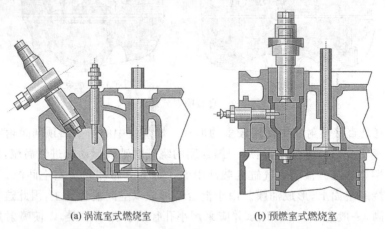

(a) 涡流室式燃烧室　　　　　　(b) 预燃室式燃烧室

图 2-10　分隔式燃烧室

副燃烧室为涡流室的称涡流室式燃烧室。涡流室呈球形或圆柱形,容积约占整个燃烧室的 50%～80%。主燃烧室与副燃烧室之间用一个或几个通道相连,通道截面积约占活塞顶面积的 2%～2.5%。通道与副燃烧室成切线,在柴油发动机的压缩行程时,空气被挤入涡流室,产生有规律的涡流运动。喷油器采用单孔轴针式,以 12～14MPa 的压力将柴油喷入涡流室,在强烈的涡流作用下,可与空气很好的混合燃烧,压力急剧上升,燃烧的气流带着未燃烧的柴油一起通过切向孔道喷入主燃烧室,进一步与空气混合燃烧。由于涡流室中产生的气流运动比直接喷射式燃烧室中的进气涡流更强,所以可降低对喷雾质量的要求,即可以采用喷油压力较低(12～14MPa)的轴针式喷油器。

涡流室式燃烧室的优点是:因为有强烈的涡流运动,所以混合气形成的较好,对喷雾质量要求较低,因此,可以使用喷油压力较低的单孔轴针式喷油器;过量空气系数 λ 可以较小(λ = 1.1～1.3);对柴油发动机转速变化不敏感;工作柔和,燃烧完全,排气污染小。

涡流室式燃烧室的缺点是散热面积大、热损失较多;气体两次经过通道被节流,流动损失大。

副燃烧室为预燃室的称预燃室式燃烧室。其容积约为燃烧室总容积的 25%～45%。主燃烧室与预燃室之间用一个或几个小孔相连,在柴油发动机的压缩行程时,空气被挤进预燃室,产生不规则的紊流运动。喷油器也采用单孔轴针式。喷油器以 12～14MPa 的压力将柴油喷入预燃室,形成不均匀的混合气,并开始燃烧。预燃室内压力急剧上升,未燃烧的柴油与燃烧产物反流入主燃室,与主燃室的空气混合燃烧。由于两室之间的通道截面积只有活塞顶面积的 0.3%～0.6%,所以,节流作用比较大,主燃烧室中压力升高比较小,柴油发动机工作柔和。

预燃室式燃烧室混合气形成方式和燃烧过程与涡流室式燃烧室基本相似,因此,优缺点也基本相同。

通过上述对两种分隔式燃烧室工作过程的介绍,不难看出分隔式燃烧室具有以下特点:

① 混合气是靠强烈的空气运动形成的,对喷油系统要求不高,使用时故障率低。

② 燃烧是在两个部分内先后进行的,所以,主燃烧室内气体压力升高比较缓和,发动机工作比较平稳,曲柄连杆机构的冲击载荷也较小。

③ 燃烧比较完全,废气中有害排放物少。

④ 燃烧室散热面积大,流动损失大,所以燃油消耗较高,启动性能也差。

复习思考题

1. 汽车的汽油发动机和柴油发动机有哪些不同?试举例说明。

2. 传统柴油发动机燃油供给系统的主要组成部件有哪些?各起何作用?

3. 柴油的使用性能指标主要包括哪几个方面?各具体含义是什么?

4. 柴油发动机可燃混合气的形成和燃烧共分为哪几个阶段?

5. 汽车柴油发动机的燃烧室主要有哪两种类型?孔式喷油器和轴针式喷油器分别适用于哪种类型的燃烧室?

第三章 直列柱塞泵式柴油控制系统

第一节 传统直列柱塞泵供油系统

一、传统直列柱塞泵燃油供给系统的组成

直列柱塞泵燃油供给系统的基本组成如图3-1所示。

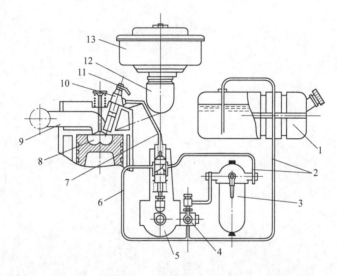

图 3-1 传统直列柱塞泵燃油供给系统

1—油箱；2—低压油管；3—柴油滤清器；4—输油泵；5—直列柱塞泵；

6—直列柱塞泵回油管；7—高压油管；8—燃烧室；9—排气管；

10—喷油器；11—喷油器回油管；12—进气管；13—空气滤清器

　　该系统的主要功用是完成燃料的储存、滤清和输送工作，并以一定压力和喷油质量定时、定量地将燃料喷入燃烧室。根据发动机工作时的燃油压力不同，燃油供给系统可分为高压油路和低压油路两部分，低压油路主要包括油箱、输油泵、柴油滤清器和低压油管等，高压油路主要包括直列柱塞泵、喷油器和高压油管等。

　　柴油机工作时，输油泵将柴油从油箱内吸出，并以 0.15～0.30MPa 的低压输送给柴油滤清器，清洁的柴油经低压油管进入直列柱塞泵；直列柱塞泵将柴油压力提高到10MPa以上，并根据发动机负荷的大小，将一定量的高压柴油经高压油管输送给喷油器，由喷油器将柴油喷入燃烧室。

　　输油泵的供油量远大于发动机消耗的油量，多余的柴油经喷油泵回油管流回油箱。喷油

器间隙泄漏的少量柴油经喷油器回油管流回油箱。

二、传统直列柱塞泵的结构原理

直列柱塞泵是利用多个柱塞式分泵向发动机各缸的喷油器提供高压油,其发展和应用的历史较长,工作可靠。

直列柱塞泵主要由柱塞分泵、油量调节机构、分泵驱动机构、泵体四部分组成,其具体结构如图 3-2 所示。

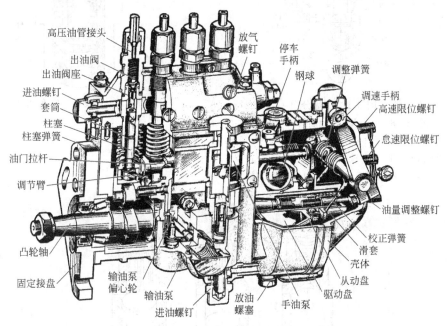

图 3-2　传统直列柱塞泵的结构与组成

1. 柱塞分泵

直列柱塞(喷油)泵由与发动机气缸数相同的多个柱塞分泵组成,分泵是直列柱塞泵的主要部分,又称泵油机构,所有分泵都有着完全相同的结构和尺寸。

柱塞分泵主要由柱塞偶件和出油阀偶件组成,其构造如图 3-3 所示。

柱塞偶件是产生高压油的压油元件,由柱塞和柱塞套筒组成,如图 3-4 所示。柱塞套筒安装在喷油泵体内,并用螺钉固定,防止其周向转动;套筒上加工有两个油孔,均与喷油泵体上的低压油腔相通。柱塞与柱塞套筒精密配合,柱塞的圆柱表面加工有斜槽,斜槽的内腔与柱塞上面的泵腔有油孔连通。在柱塞下端固定有调节臂,通过它可使柱塞在套筒内转动;在调节臂与喷油泵体之间装有柱塞弹簧和弹簧座,柱塞弹簧将柱塞推向下方,并使柱塞下端面与装在滚轮体中的垫块、滚轮与凸轮保持接触;发动机工作时,发动机曲轴通过传动机构驱动喷油泵凸轮轴转动,凸轮轴上的凸轮和柱塞弹簧共同作用,驱使柱塞在柱塞套筒内作往复运动。

出油阀偶件是为在喷油结束后使高压油管卸载,以及在两次喷油间隔内把高压及低压油路分开而设置的。它安装在柱塞偶件上部,并通过压紧座和垫片使出油阀座与柱塞套筒压紧,以保证密封。

柱塞分泵的泵油原理如图 3-5 所示,分为吸油、压油和回油三个过程。

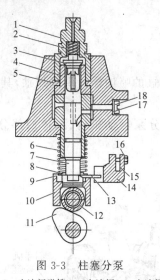

图 3-3 柱塞分泵

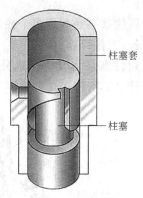

图 3-4 柱塞偶件

1—出油阀压紧座;2—出油阀弹簧;3—出油阀;4—出油阀座;5—压紧垫片;

6—柱塞套筒;7—柱塞;8—柱塞弹簧;9—弹簧座;10—滚轮体;11—凸轮;

12—滚轮;13—调节臂;14—供油拉杆;15—调节叉;

16—夹紧螺钉;17—垫片;18—定位螺钉

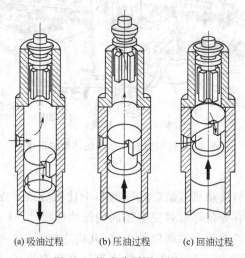

(a) 吸油过程   (b) 压油过程   (c) 回油过程

图 3-5 柱塞分泵泵油原理

（1）吸油过程

发动机工作中,喷油泵凸轮轴上的凸轮转过最高位置时,柱塞在柱塞弹簧作用下向下移动;当柱塞上端面低于柱塞套筒上的油孔时,喷油泵低压油腔内的柴油被吸入柱塞上端的泵腔;当柱塞运动到最下端位置时,柱塞上端的泵腔内充满柴油,分泵完成吸油过程[图 3-5(a)]。

（2）压油过程

随喷油泵凸轮轴的继续转动,凸轮驱动柱塞上移,开始有部分柴油从泵腔挤回低压油腔,直到柱塞上端的圆柱面完全封闭柱塞套筒上的两个油孔为止,分泵压油过程[图 3-5(b)]开始;此后柱塞继续上移,泵腔内油压升高,油压增高到一定值时,便克服出油阀弹簧的弹力,顶开出油阀,高压柴油经出油阀和高压油管输送给喷油器。

（3）回油过程

在压油过程中柱塞上移,当柱塞上的斜槽与柱塞套筒上的油孔接通时,泵腔内的高压油经柱塞内的油孔、斜槽和柱塞套筒上的油孔流回低压油腔[图 3-5(c)]，泵腔内的油压迅速下降，出油阀在其弹簧作用下立即关闭；在此回油过程中，柱塞仍向上移动，直到上止点为止，但不再向喷油器供油。

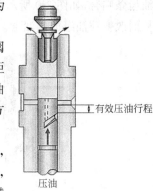

柱塞分泵每次泵出的油量取决于柱塞的有效行程，即从出油阀开启到柱塞上的斜槽与柱塞套筒上的油孔接通时柱塞向上移动的距离，如图 3-6 所示。使柱塞在套筒内转动，即可改变斜槽与套筒上油孔的相对位置，从而改变柱塞的有效行程。直列柱塞泵就是以此方法来实现发动机负荷调节的。

图 3-6　柱塞分泵的有效压油行程

出油阀偶件的构造如图 3-7 所示。出油阀的圆锥面为密封面，通过出油阀弹簧将其压紧在阀座上。出油阀尾部与阀座间隙配合，为出油阀运动起导向作用。出油阀的尾部开有切槽，形成十字形横截面，以便喷油泵供油时使泵腔内的柴油流出。

出油阀中部的圆柱部分称为减压环带。在分泵柱塞压油使油压达到一定值时，泵腔内的油压顶开出油阀，使出油阀密封锥面离开阀座，但泵腔内的柴油并不能立即泵出；只有当减压环带完全移出阀座导向孔时，即出油阀向上移动一段距离 h 后，泵腔内的柴油才能进入高压油管，这样可防止喷油器喷前滴油。在停止供油、出油阀落座时，减压环带首先进入出油阀导向孔，切断高压油管与泵腔的通道，高压油管内的柴油停止回流，这样可保持高压油管内有一定的残余压力。此外，从减压环带开始进入阀座导向孔，直到出油阀密封锥面与阀座接触时，由于减压环带在高压油管中让出了其凸缘所占的容积，使高压油管内的油压迅速下降，从而使喷油器停油干脆。由此可见，减压环带具有防止喷油器喷前滴油、保持高压油管内一定残余压力和使喷油器停油干脆三方面的功用。

2. 油量调节机构

油量调节机构的功用是执行驾驶员或调速器的指令，改变柱塞与柱塞套筒的相对位置，从而改变喷油泵的供油量，以适应发动机不同工况的要求。

直列柱塞泵常用的油量调节机构主要有齿条式、球销式和拨叉式三种。

（1）齿条式油量调节机构

如图 3-8 所示，油量调节套筒松套在柱塞套筒的外面，油量调节套筒下端的切槽卡住柱塞

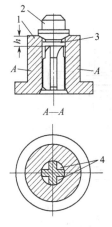

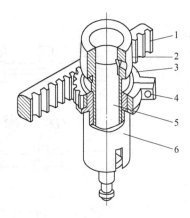

图 3-7　出油阀偶件
1—出油阀座；2—出油阀；
3—减压环带；4—切槽

图 3-8　齿条式油量调节机构
1—供油齿条；2—柱塞套筒；3—齿圈；4—齿圈固定螺钉；
5—柱塞；6—油量调节套筒

下端的凸块,齿圈套装在油量调节套筒上端并用螺钉固定,各分泵油量调节套筒上的齿圈均与供油齿条啮合,如图3-9所示。当供油齿条轴向移动时,即改变了各个柱塞分泵的有效压油行程,从而改变喷油泵的供油量。松开齿圈固定螺钉,转动传动套筒,即可调节某一分泵的供油量。

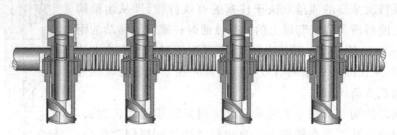

图3-9 齿条与所有分泵调节套筒上的齿圈啮合

（2）球销式油量调节机构

如图3-10所示,其工作原理与齿条式油量调节机构比较相似。油量调节套筒3松套在柱塞套5上,在下面缺口中嵌入十字形凸缘4,其上部镶嵌一个钢球1。在油量调节拉杆2水平的直角边上开有小槽,工作时槽口和油量调节套筒上的钢球啮合。当移动油量调节拉杆时,槽口就带动钢球使调节套与柱塞一起转动,从而达到调节供油量的目的。

（3）拨叉式油量调节机构

如图3-11所示,调节臂压装在分泵柱塞下端,其端头插入拨叉的凹槽内,拨叉用螺钉固定在供油拉杆上。当驾驶员或调速器推动供油拉杆轴向移动时,拨叉带动调节臂和分泵柱塞一起相对柱塞套筒转过一定角度,从而使喷油泵供油量改变。松开拨叉固定螺钉,改变某一分泵的拨叉在供油拉杆上的位置,可实现对某一分泵供油量的调节,以便使各分泵供油均匀。

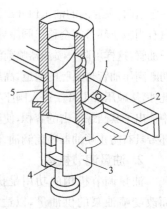

图3-10 球销式油量调节机构
1—钢球;2—油量调节拉杆;
3—油量调节套筒;4—凸缘;
5—柱塞套

3. 分泵驱动机构

分泵驱动机构的功用是驱动柱塞在柱塞套筒内往复运动,使喷油泵完成供油过程。分泵驱动机构主要包括喷油泵凸轮轴和滚轮体等。

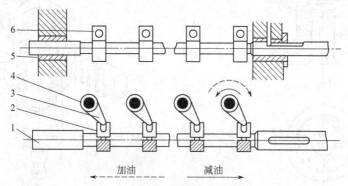

图3-11 拨叉式油量调节机构
1—供油拉杆;2—拨叉;3—调节臂;4—柱塞;5—供油拉杆衬套;6—拨叉固定螺钉

（1）凸轮轴

凸轮轴通过两个轴承支承在喷油泵体内，其结构原理与配气机构所用的凸轮轴相似，见图 3-12。凸轮轴上加工有驱动分泵的凸轮和驱动输油泵的偏心轮。改变前端盖与泵体之间的密封垫 1 的厚度，或改变轴承与轴肩之间的调整垫片 7 的厚度，可调整凸轮轴的轴向间隙。

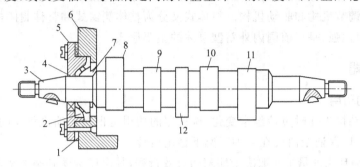

图 3-12　喷油泵凸轮轴

1—密封垫；2—圆锥滚子轴承；3—连接锥面；4—油封；5—前端盖；
6—泵体；7—调整垫片；8～11—凸轮；12—输油泵偏心轮

（2）滚轮体

直列柱塞泵上装用的滚轮体主要有调整垫块式和调整螺钉式两种类型，如图 3-13 和图 3-14 所示。滚轮体相当于配气机构中的气门挺杆，其功用主要是将喷油泵凸轮的旋转运动转变为自身的往复直线运动，从而推动分泵柱塞上行供油，并利用滚轮在喷油泵凸轮上的滚动以减轻磨损。

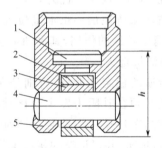

图 3-13　调整垫块式滚轮体

1—调整垫块；2—滚轮；3—滚轮衬套；
4—滚轮轴；5—滚轮架

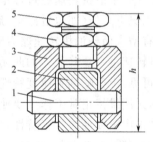

图 3-14　调整螺钉式滚轮体

1—滚轮轴；2—滚轮；3—滚轮架；
4—锁紧螺母；5—调整螺钉

为防止滚轮体在泵体导向孔内转动，其定位方法有两种：一种是在滚轮体上轴向切槽，用拧在泵体上的螺钉插入切槽；另一种是采用加长的滚轮轴，使滚轮轴的一端插入泵体导孔中的轴向切槽内。

此外，滚轮体还可用来调整分泵的供油提前角。分泵供油提前角是指分泵供油开始至该缸活塞到达压缩行程上止点时曲轴转过的角度。供油提前角直接影响喷油器的喷油时刻，对发动机性能有很大影响。对调整垫块式滚轮体增加调整垫块厚度，对调整螺钉式滚轮体拧出调整螺钉（调整时先松开锁紧螺母，调整后再拧紧锁紧螺母），均可使滚轮体的有效高度 h 增加，从而在喷油泵凸轮位置不变（即曲轴位置不变）时，使分泵柱塞升高，分泵供油提前角增大（供油时刻提前）；反之，降低滚轮体有效高度 h，分泵供油提前角减小（供油时刻推迟）。

4. 泵体

泵体是喷油泵的骨架,所有的零部件都通过它组合在一起构成喷油泵整体。泵体在工作中还承受很大的载荷,因此要求泵体要有足够的强度、刚度,而且密封性好,拆装方便。泵体有分体式和整体式两种。分体式泵体分上、下两部分,用螺栓连接在一起,上体用来安装分泵,下体用来安装油量调节机构和驱动机构。整体式又分为整体侧窗式和整体封闭式。由于整体式泵体刚度好、密封性强,是目前国内外新型泵体的主要形式。

三、 调速器

1. 调速器的功用

汽车柴油发动机工作时负荷经常变化,调速器的功用是根据柴油机负荷的变化,自动调节喷油泵的供油量,以保证柴油机在各种工况下稳定运转。

喷油泵每一循环供油量主要取决于柱塞的有效行程,其次还会受到柴油机转速的影响。当柴油机转速增加,从而喷油泵柱塞移动速度增加时,柱塞套上油孔的节流作用随之增大,于是在柱塞上移时,即使柱塞尚未完全封闭油孔,由于燃油一时来不及从油孔挤出,泵腔内油压增加而使供油时刻略有提前;同样道理,在柱塞上移到其斜槽已经与油孔接通时,泵腔内油压一时还来不及下降,使供油停止时刻微延后。这样,随着柴油机转速增大,柱塞的有效行程将略有增加,而供油量也略微增大;反之,供油量便略微减少。供油量随转速变化的关系称为喷油泵的速度特性。

喷油泵的速度特性对工况多变的车用柴油机是非常不利的。例如,满载汽车从上坡行驶刚刚过渡到下坡行驶时,柴油机突然卸荷,柴油机转速迅速上升,这时喷油泵在上述速度特性的作用下,会自动将供油量增大,促使柴油机转速进一步升高,转速和供油量如此相互作用的结果,可能会导致柴油机转速超过标定的最大转速,而出现"飞车"现象。此外,车用柴油机还经常在怠速工况下工作(如短暂停车、启动暖机等),即使柱塞保持在最小供油量位置不变,当内部阻力略有增大而柴油机转速略有降低时,由于喷油泵速度特性的作用,其供油量会自动减少,使柴油机转速进一步降低。如此循环作用,最后将使柴油机熄火。

由上述可见,由于喷油泵速度特性的作用,使柴油机转速的稳定性变差,特别是在高速和怠速时,根本无法维持正常工作。要使柴油机运转稳定,就必须在其阻力发生变化时,及时改变供油量,修正由于喷油泵速度特性带来的不良影响。因此,车用柴油机都装有调速器,根据柴油机负荷的变化,自动调节供油量,以达到稳定怠速、限制超速,并保证柴油机在工作转速范围内的任一选定的转速下稳定工作。

在过去,传统的汽车柴油发动机上应用最为广泛的是机械离心式调速器。按其调节作用的范围不同,可以分为两速调速器和全速调速器。

两速调速器它不仅能保证柴油机在怠速时不低于某一转速,从而防止柴油机自动熄火,而且能够限制柴油机不超过某一转速,从而防止柴油机超速。但在中间转速时,调速器不起作用,此时柴油机的工作转速由驾驶员通过操纵喷油泵油量调节机构来调整。

全速调速器它不仅能保持柴油机的最低稳定转速和限制最高转速,而且能根据负荷的大小,保持和调节在任一选定的转速下稳定工作。

2. 调速器的工作原理

如图 3-15 所示为机械离心式调速器的基本工作原理。当凸轮轴转速升高时,离心飞块在凸轮轴的带动下向外张开,于是拉杆向左移动,牵引导动杠杆摆动,最终由导动杠杆拉动油量调节齿条对柱塞分泵的柱塞进行旋转调节,从而改变供油量。

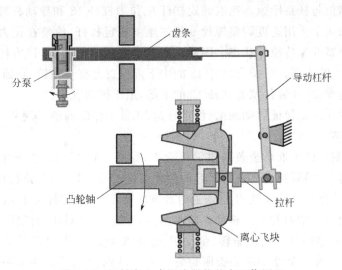

图 3-15　机械离心式调速器的基本工作原理

下面以两速调速器为例介绍调速器各个工况下的工作原理。

如图 3-16 所示为 RAD 型两速调速器。调速器用螺钉与喷油泵连接。两个飞块 17 装在喷油泵凸轮轴 3 上,当飞块向外张开时,飞块臂上的滚轮 2 推动滑套 16 沿轴向移动。导动杠杆 8 的上端铰接于调速器壳上,下端紧靠在滑套上,其中部则与浮动杠杆 4 铰接。浮动杠杆上部通过连杆 11 与供油调节齿条 7 相连,启动弹簧 10 装在浮动杠杆顶部。浮动杠杆的下端有一销轴,插在支持杠杆 18 下端的凹槽内。控制杠杆 1 的一臂与支持杠杆 18 相连,另一臂则由

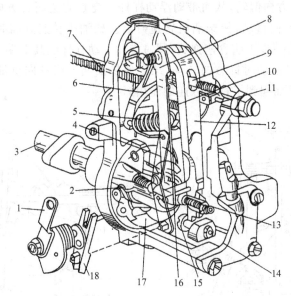

图 3-16　RAD 型两速调速器

1—控制杠杆;2—滚轮;3—凸轮轴;4—浮动杠杆;5—调速弹簧;
6—速度调定杠杆;7—供油调节齿杆;8—导动杠杆;9—速度调整螺栓;
10—启动弹簧;11—连杆;12—拉力杠杆;13—怠速弹簧;
14—调速器壳体;15—齿杆行程调整螺栓;16—滑套;
17—飞块;18—支持杠杆

驾驶员通过加速踏板与杆系操纵。速度调定杠杆6、拉力杠杆12和导动杠杆8的上端均支承于调速器壳上的轴销上。用速度调整螺栓9顶住速度调定杠杆,使装在拉力杠杆与速度调定杠杆之间的调速弹簧5保持拉伸状态。因此在所有中间转速范围内,拉力杠杆始终紧靠在齿杆行程调整螺栓15的头部。在拉力杠杆12的中下部位置上有一轴销,它插在支持杠杆18上端的凹槽内。怠速弹簧13装在拉力杠杆12的下部,用于控制怠速。

两速调速器的作用是保证启动加浓、稳定怠速、正常工作时的油量调节和限制超速。

(1)启动加浓

启动前,将控制杠杆1推至全负荷供油位置Ⅰ,如图3-17所示。受调速弹簧5的拉动及齿杆行程调整螺钉15的限制,拉力杠杆12的位置保持不动。此时,支持杠杆18绕D点向逆时针方向转动,带动浮动杠杆4绕B点作逆时针方向转动,浮动杠杆的上端通过连杆11推动供油调节齿杆7向供油增加的方向移动。同时,启动弹簧10也对浮动杠杆4作用一个向左的拉力,使其绕C点作逆时针方向的偏转,带动B点和A点进一步向左移动,结果滑套16通过滚轮2使飞块17收缩至处于向心极限位置为止。从而保证供油调节齿杆7进入启动最大供油量位置,即启动加浓位置。此时的供油量约为全负荷额定供油量的150%左右。

(2)稳定怠速

柴油机启动后,将控制杠杆1拉到怠速位置Ⅱ,如图3-18所示,柴油机便进入怠速工况。此时,作用在滑套16上有三个力:飞块17的离心力、怠速弹簧13的作用力及启动弹簧10的作用力。当飞块离心力与怠速弹簧和启动弹簧的合力相平衡时,滑套便处于某一位置不动,亦即供油调节齿杆7处于某一供油位置不动,柴油机就在某一相应的转速下稳定运转。若柴油机转速降低,飞块离心力减小,在怠速弹簧及启动弹簧的作用下,滑套将向左移动,使导动杠杆8绕上端支承点顺时针方向偏转,从而带动浮动杠杆4绕C点逆时针方向转动,使供油调节齿杆7向供油量增加的方向移动,使柴油机转速升高。柴油机转速升高时,飞块离心力随之增大,使滑套向右移动,进一步压缩怠速弹簧,同时带动导动杠杆绕其上端支点逆时针方向偏转,从而使浮动杠杆4绕C点顺时针方向转动,结果使供油调节齿杆向供油减少的方向移动,柴油机转速随之降低。因而起到了稳定怠速的作用。

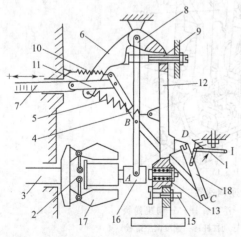

图3-17　两速调速器的启动加浓状态
（图注同图3-16）

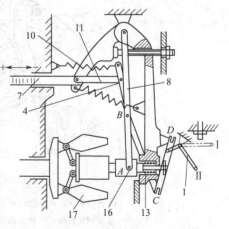

图3-18　两速调速器的稳定怠速状态
（图注同图3-16）

（3）正常工作时的油量调节

柴油机转速在怠速和额定转速之间,此时调速器不起作用,供油量的调节由驾驶员人为控制。

当柴油机转速超过怠速转速时,怠速弹簧 13 被完全压入到拉力杠杆 12 内,滑套 16 直接与拉力杠杆 12 的端面接触,如图 3-19 所示。此时怠速弹簧不起作用。由于拉力杠杆被很强的调速弹簧 5 拉住,在柴油机转速低于额定转速时,作用在滑套 16 上的飞块离心力不能推动拉力杠杆,因而导动杠杆 8 的位置保持不动,即 B 点位置不会移动。若控制杠杆 1 位置一定,则浮动杠杆 4 的位置也固定不动,因而供油调节齿杆 7 的位置保持不动,即供油量不会改变。若此时需要改变供油量,驾驶员需改变控制杠杆 1 的位置才能实现。由此可见,在全部中间转速范围内,调速器不起作用,供油量的调节由驾驶员控制。

（4）限制超速

当柴油机转速超过额定转速时,飞块离心力就能克服调速弹簧 5 的拉力,滑套 16 推动拉力杠杆 12 并带动导动杠杆 8 绕其上支点向右偏转,如图 3-20 所示,使 B 点移动到 B′ 点,D 点移动到 D′ 点,在拉力杠杆的带动下,支持杠杆 18 绕其中间支点顺时针方向偏转,使 C 点移动到 C′ 点。由 B′、C′ 点决定了浮动杠杆 4 也发生了顺时针方向的偏转,带动供油调节齿杆 7 向供油减少的方向移动,从而限制柴油机转速不超过额定的工作转速。

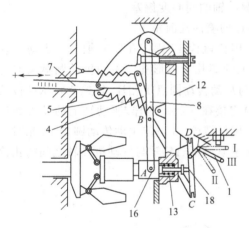 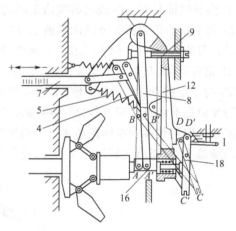

图 3-19　两速调速器在正常转速范围内的
工作状态(图注同图 3-16)　　　　　　　　图 3-20　两速调速器在限制超速时的
工作状态(图注同图 3-16)

利用速度调整螺栓 9 改变调速弹簧 5 的预紧力,就可以调节调速器所能限定的柴油机最高转速。

四、喷油泵的连接与正时

1. 喷油泵的驱动与连接

如图 3-21 所示,喷油泵由柴油发动机前端的正时齿轮 1 通过一组齿轮(或正时链条、正时皮带)来驱动。喷油泵驱动齿轮和中间齿轮(图上未画出)都刻有正时啮合记号,必须对准记号安装才能保证喷油泵供油正时。

喷油泵通常靠底部定位并安装在托板 7 上,用联轴器 4 把驱动齿轮 2 和喷油泵 6 的凸轮轴连接起来。有的柴油机在其间串联了空气压缩机 3 和供油提前角自动调节器 5。

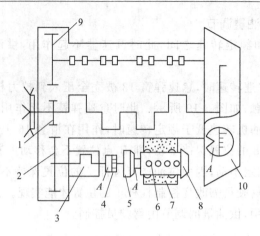

图 3-21　喷油泵的驱动与供油正时

1—正时齿轮；2—驱动齿轮；3—空气压缩机；4—联轴器；

5—供油提前角自动调节器；6—喷油泵；7—托板；

8—调速器；9—配气机构驱动齿轮；

10—飞轮上的喷油正时标记

在喷油泵的驱动和连接方面，联轴器起到了如下的作用：

① 弥补喷油泵安装时造成的喷油泵凸轮轴和驱动轴的同心度偏差。

② 用小量的角位移调节供油提前角，以获得最佳的喷油提前角。

联轴器的结构如图 3-22 所示。主动凸缘盘 11 用长螺栓 17 固定在驱动轴上。主动传动圆盘 12 借螺栓 13 与主动凸缘盘相连，主动凸缘盘上的螺孔为弧形孔。主动传动圆盘又通过螺栓 21 与十字接盘 15 连接。十字接盘用螺栓 14 与从动传动圆盘 1 相连，螺栓 5 将从动传动圆盘与喷油提前角自动调节器（后接喷油泵凸轮轴）连接在一起。这样，驱动轴上的动力通过上述各零件即可传递到喷油提前角自动调节器上。旋松螺栓 13 可使主动传动圆盘 12 相对于主动凸缘盘 11 沿弧形孔转过一个角度，这样就改变了喷油泵凸轮轴与发动机曲轴之间的相位

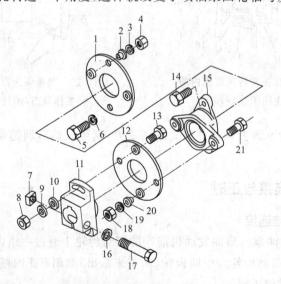

图 3-22　联轴器

1—从动传动圆盘；2—衬套；3、6、9、10、16、19—垫圈；4、7、8、18—螺母；5、13、14、17、21—螺栓；

11—主动凸缘盘；12—主动传动圆盘；15—十字接盘；20—衬套

关系,即改变了各缸的喷油时刻(即初始供油提前角)。

将喷油泵固定在柴油机气缸体的托架上后,转动曲轴,使第一缸活塞处于上止点位置,再将喷油泵凸轮轴与壳体上的记号对准,最后将螺栓拧紧。

2. 喷油泵的正时

无论是喷油泵的安装还是喷油泵的驱动,保证正确的喷油正时是最基本的,也是最重要的。所谓的喷油正时,就是保证喷油泵对柴油机有正确的喷油时刻。喷油泵在柴油机上安装时,为了使柴油机的供油提前角保持一定,应按下述方法进行:

① 转动曲轴,使第一缸活塞处于压缩行程上止点前规定的供油开始位置。

② 转动校验好的喷油泵凸轮轴,使凸轮轴上的从动凸缘盘上的记号与泵体上的记号对正,即为第一缸分泵开始供油时刻。

③ 将从动传动圆盘上的记号与供油提前角自动调节器上的相应记号对正,然后用螺栓将二者紧固连接。

④ 启动柴油机调试。根据运转和排烟情况,若发现供油提前角稍有误差,可松开上述两个弧形孔上的连接螺钉进行调整。顺时针方向转动凸轮轴供油提前角增大,反之则减小。

在使用过程中,为了消除驱动件的磨损所造成的供油提前角的变化,也可通过联轴器的微调使供油提前角恢复正常。

五、 供油提前角调节装置

供油提前角是指喷油泵开始供油至活塞到达上止点之间的曲轴转角。它的大小对柴油机的工作过程有很大影响。最佳的供油提前角,就是在转速和供油量一定的条件下,能获得最大功率及最小耗油率的供油提前角。它不是一个常数,而是随着柴油机的负荷(供油量)和转速而变化的。负荷越大、转速越高,供油提前角应越大。此外,它还与柴油机的结构有关,例如当采用直喷式燃烧室时,其最佳供油提前角比采用分隔式燃烧室要大些。

车用柴油机是根据常用的某个工况确定一个供油提前角数值,在将喷油泵安装到柴油机上时已调好(称为初始角)。显然,初始角在这个常用工况范围内是最佳的。而车用柴油机的转速变化范围很大,要保证柴油机在整个工作转速范围内性能良好,就必须使供油提前角在初始角基础上随转速而变化。因此,目前的车用柴油机上不仅装有供油提前角人工调节装置,同时也装有供油提前角自动调节装置。

1. 供油提前角人工调节装置

① 联轴器式:调整方法如前所述。

② 转动壳体式:如图 3-23 所示,泵体前端是三角形凸缘盘 3,其上开有三条弧形槽 2,用螺栓将其固定在驱动齿轮后面的箱体上。调整时,松开螺钉,转动壳体 1。根据凸轮轴的驱动方向,逆凸轮轴转向转动壳体时,供油提前角变大;反之则减小。

2. 供油提前角自动调节装置

与前面介绍的喷油泵供油提前角相类似,柴油发动机的喷油器也有喷油提前角的概念。所谓喷油提前角,就是指喷油器

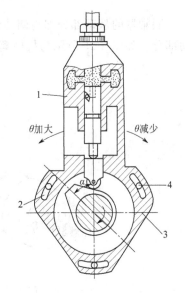

图 3-23　转动壳体调整供油提前角
1—壳体;2—弧形槽;3—三角形凸缘盘;
4—连接螺钉

开始喷油至活塞到达上止点之间的曲轴转角。如果喷油提前角过大,喷油时气缸内空气温度较低,混合气形成条件差,使得备燃期延长,导致工作粗暴;如果喷油提前角过小,大部分柴油在上止点以后,活塞处于下行状态时才开始燃烧,使最高工作压力降低,热效率显著下降,发动机功率下降,排气冒白烟。因此,喷油提前角需要根据柴油发动机的工况适时调整以期达到最佳的喷油提前角——即在转速和供油量一定的条件下,能获得最大功率及最小燃油消耗率的喷油提前角。

喷油器喷油提前角实际上是由喷油泵供油提前角保证的,即通过改变供油提前角来改变喷油提前角。改变整个喷油泵的供油提前角的方法是改变曲轴与喷油泵凸轮轴的相对位置来实现。目前,国内外车用柴油机供油提前角自动调节装置是适应转速的变化而自动改变供油提前角。对于柱塞泵一般采用单独的机械离心式供油提前角自动调节装置;对于分配泵(如VE泵),则采用液压式供油提前角自动调节装置(在第四章介绍)。

机械离心式供油提前角自动调节装置位于联轴器和喷油泵之间,如图3-24所示。

图 3-24　机械离心式供油提前角自动调节装置的安装位置

联轴器的从动部分即为调节装置的驱动部分,调节装置的从动部分即为喷油泵凸轮的驱动部分。如图3-25所示为机械离心式供油提前角自动调节装置的一种结构形式。

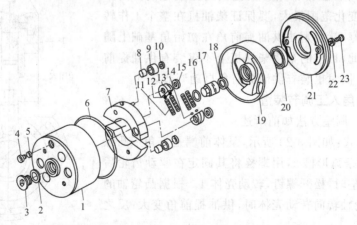

图 3-25　机械离心式供油提前角自动调节装置

1—调节器壳体;2,10—垫圈;3—放油螺塞;4—丝堵;5,22—垫片;6,16—O形圈;
7—飞块;8—滚轮内座圈;9—滚轮;11—弹簧;12,14,18—弹簧垫圈;13—弹簧座;
15—定位圈;17—螺母;19—从动盘;20—油封;21—盖;23—螺栓

调节器壳体 1 用螺栓与联轴器相连,为主动元件。两个飞块 7 套在调节器壳体端面的两个销钉上,外面还套装两个弹簧座 13,飞块的另一端各压装一个销钉,每个销钉上各松套着一个滚轮 9 和滚轮内座圈 8。从动盘 19 与喷油泵凸轮轴相连接。从动盘两臂的弧形侧面 E(图 3-26)与滚轮 9 接触,平侧面 F 则压在两个弹簧 11 上,弹簧的另一端支于弹簧座 13 上。整个调节器是一个密封体,内腔充满机油以润滑。

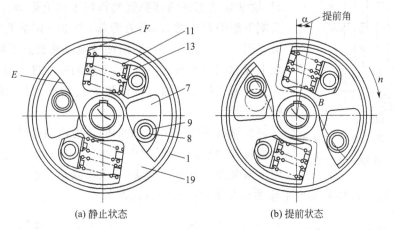

(a) 静止状态　　　　　　　　(b) 提前状态

图 3-26　机械离心式供油提前角自动调节装置

(图注同图 3-25)

机械离心式供油提前角自动调节装置的工作原理如图 3-26 所示。柴油机工作时,在曲轴的驱动下,调节器壳体 1 及飞块 7 沿图中箭头方向旋转,受离心力的作用,两个飞块的活动端向外甩开,滚轮 9 对从动盘 19 的两个弧形侧面 E 产生推力,迫使从动盘 19 沿箭头所示方向相对于调节器的壳体,超前转过一个角度口,直到弹簧 11 作用在 F 侧面上的压缩弹力与飞块离心力相平衡为止,于是从动盘 19 与调节器壳体 1 同步旋转[图 3-26(b)]。当转速升高,飞块离心力增大,其活动端进一步向外甩出,滚轮 9 迫使从动盘 19 沿箭头所示方向相对于调节器壳体再超前转过一个角度,直到弹簧 11 的压缩弹力与飞块离心力达到一个新的平衡状态为止。这样,供油提前角便相应地增大。反之,当柴油机转速降低时,供油提前角相应减小。

六、输油泵

输油泵的功用是保证低压油路中柴油的正常流动,克服柴油滤清器和管路中的阻力,并以一定的压力向喷油泵供给足够量的柴油,输油量应为全负荷最大供油量的 3～4 倍。

输油泵的结构很多,常见的有活塞式、转子式、滑片式和齿轮式等几种。在直列柱塞式泵柴油供给系统中,普遍采用活塞式输油泵。

活塞式输油泵的基本结构如图 3-27 所示,主要由机械泵总成和手油泵总成组成。机械泵总成主要由挺杆、活塞和弹簧等组成。它依靠喷油泵凸轮轴上的凸轮推动实现泵油。当喷油泵凸轮轴转动时,轴上的凸轮及机械泵中的活塞弹簧时机械泵的活塞作往复运动。

如图 3-28 所示为活塞式输油泵的工作原理(过程)。

当喷油泵凸轮轴上的凸轮凸起部分转动到向下的位置时,挺杆推动活塞克服活塞弹簧的

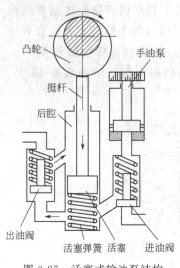

图 3-27　活塞式输油泵结构

弹力向下运动,输油泵下腔的容积减小,油压升高,进油阀(也称进油止回阀)被关闭,出油阀(也称出油止回阀)被顶开,燃油被压出并经过通道进入输油泵的上腔,为燃油输送做好了预备。

当喷油泵凸轮轴上的凸轮凸起部分转动到向上的位置时,输油泵活塞在活塞弹簧的作用下向上运动。这时,输油泵活塞下腔的容积增大,压力降低,产生一定的真空度,出油阀被关闭,进油阀被开启,柴油便被吸入输油泵下腔;同时,输油泵上腔容积减小而压力升高,上腔的燃油进入通道而输出。

活塞式输油泵通过如此周而复始的动作,使燃油不断被吸入、输出。

当输出油压过高时,柴油的压力由通道传来,当油压与活塞弹簧弹力平衡时,活塞即停在某一位置而不能回到上止点,使活塞泵油的有效行程减小,从而减小了输油量,并限制了油压的进一步升高。这样就实现了输油量与供油压力的自动调节。

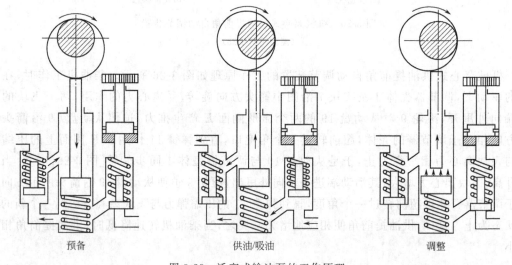

| 预备 | 供油/吸油 | 调整 |

图 3-28　活塞式输油泵的工作原理

柴油发动机在较长时间停车后,如果重新启动,需要首先驱除低压系统中的空气,所以在输油泵上通常都装有手油泵。手油泵安装在输油泵进油阀的上方。如图 3-27 所示,手油泵由泵体、手柄、泵杆、手油泵活塞和进油止回阀等组成。需要放气时,先将柴油滤清器和喷油泵的放气螺钉松开,再将手油泵的手柄旋开,往复抽按手油泵,即可向燃油更给系统内供油,并将其中空气驱除干净。然后,拧紧放气螺钉,旋紧手油泵手柄,再次启动柴油发动机。

第二节　电控直列柱塞泵供油系统

电控直列柱塞泵供油系统是最早的柴油发动机电控燃油喷射系统。它保留了传统直列柱塞泵系统对供油量的"位置控制"方式,只是在对直列柱塞泵的供油量和供油正时的控制方法上,利用电子控制系统取代了传统的机械控制装置。

如图 3-29 所示,电控直列柱塞泵供油系统用电子调速器取代原有的机械调速器,以实现对喷油量的控制;用正时控制器取代原有的机械离心式供油提前角自动调节器,来对喷油正时进行控制;并设有油量调节拉杆(或齿条)位置传感器和正时传感器,对喷油量和喷油正时的控制均采用闭环控制方式。

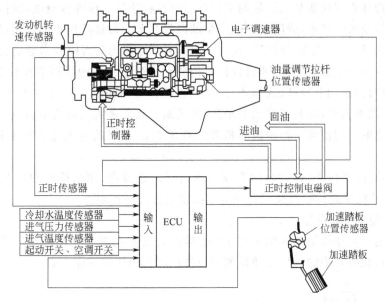

图 3-29 电控直列柱塞泵供油系统

一、电控直列柱塞泵供油量控制系统

电控直列柱塞泵供油量"位置控制"系统如图 3-30 所示,喷油量控制是由 ECU 通过控制电子调速器来实现的。柴油机工作时,ECU 根据加速踏板位置传感器信号(即负荷信号)和柴油机转速信号确定基本供油量,并参考冷却液温度、进气流量等传感器信号对供油量进行修正,然后通过 ECU 中的伺服电路控制电子调速器工作,以改变或保持直列柱塞泵油量调节拉杆(或齿条)的位置,使直列柱塞泵的供油量达到预期的控制目标。

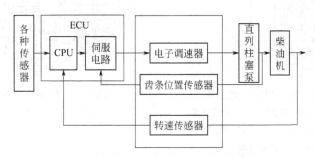

图 3-30 电控直列柱塞泵供油量"位置控制"系统

为提高对直列柱塞泵供油量的控制精度,在电子调速器内装有油量调节拉杆(或齿条)位置传感器,用来检测直列柱塞泵油量调节拉杆(或齿条)的实际位置,检测结果反馈给 ECU 中的伺服电路,再对输送给电子调速器的控制信号进行修正。

在电控直列柱塞泵供油系统中,实现供油量"位置控制"常用的电子调速器有线性直流电动机型和螺线管型两种。

1. 线性直流电动机型电子调速器

线性直流电动机型电子调速器的结构如图3-31所示,主要由可移动线圈、滑套、杠杆机构和铁芯等组成。安装在外壳中的永久磁铁和铁芯都是固定的,可移动线圈和滑套连成一体,滑套通过杠杆机构与直列柱塞泵的油量调节拉杆(或齿条)连接。线性直流电动机的线圈位于永久磁铁圆柱形的径向磁场中,线圈通电时产生的磁场与永久磁铁磁场相互作用,使线圈和滑套向上或向下移动(所以称之为"线性"直流电动机),直到电磁力与线圈和滑套的自重平衡时,线圈和滑套停止在某一位置,滑套则通过杠杆机构驱动直列柱塞泵油量调节拉杆(或齿条)左右移动,从而实现对油量调节拉杆(或齿条)位置的控制。线圈和滑套所受电磁力大小与线圈中的电流(取决于通电占空比)及其移动的距离(即线圈与永久磁铁之间的距离)有关,ECU通过输送不同占空比的控制信号来控制线圈和滑套的移动量,通过改变电流方向来控制线圈和滑套的移动方向。

油量调节拉杆(或齿条)位置传感器安装在电子调速器内,用来检测油量调节拉杆(或齿条)的位置,ECU根据此传感器反馈信号对喷油量进行闭环控制。

2. 螺线管型电子调速器

螺线管型电子调速器结构如图3-32所示,螺线管安装在直列柱塞泵油量调节拉杆(或齿条)的一端,而且螺线管中的电枢与油量调节拉杆(或齿条)连成一体。

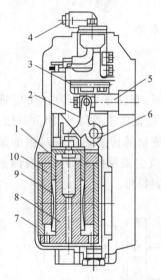

图3-31 线性直流电动机型电子调速器
1—滑套;2—杠杆;3—拉杆位置传感器;4—线束连接器;
5—油量调节拉杆;6—杠杆轴;7—上壳;8—铁芯;
9—可移动线圈;10—永久磁铁

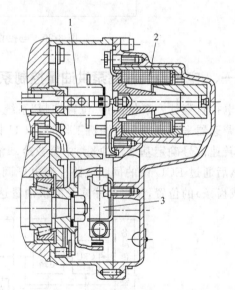

图3-32 螺线管型电子调速器
1—回位弹簧;2—螺线管;3—转速传感器

当控制电流通过螺线管时,产生一个与通电占空比成正比的电磁力,该电磁力使电枢和油量调节拉杆(或齿条)移动,当电磁力与油量调节拉杆(或齿条)回位弹簧力平衡时,油量调节拉杆(或齿条)就停止在某一位置上,改变螺线管的通电占空比即可调节油量调节拉杆(或齿条)的位置。同时,设置一个油量调节拉杆(或齿条)位置传感器,向ECU输送油量调节拉杆(或齿条)实际位置的反馈信号,即可实现供油量的闭环控制。直列柱塞泵的油量调节拉杆(或齿条)位置传感器和发动机转速传感器一般安装在电子调速器内。

二、电控直列柱塞泵供油正时控制系统

电控直列柱塞泵供油正时电控系统主要由正时控制器、电磁阀、柴油机转速传感器、正时传感器和 ECU 等组成,如图 3-33 所示。两个电磁阀分别安装在正时控制器进、回油路中,控制正时控制器工作的液压油来自柴油机润滑系。正时控制器安装在直列柱塞泵驱动轴与凸轮轴之间,受液压控制的正时控制器可使直列柱塞泵凸轮轴相对驱动轴在一定范围内转动。柴油机转速传感器安装在直列柱塞泵驱动轴上,ECU 主要根据柴油机转速和负荷传感器信号确定基本供油提前角,再根据冷却液温度等传感器信号进行修正,并通过两个电磁阀控制正时控制器工作,来实现对直列柱塞泵供油正时的控制。正时传感器安装在直列柱塞泵凸轮轴上,用来检测凸轮轴的位置和转角,ECU 根据正时传感器信号判断实际的供油正时,并对供油正时进行闭环控制。

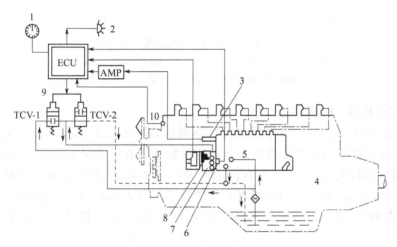

图 3-33　电控直列柱塞泵供油正时电控系统

1—转速表;2—故障指示灯;3—供油齿条位置传感器;4—柴油机;5—喷油泵;6—正时传感器;
7—正时控制器;8—转速传感器;9—电磁阀;10—冷却液温度传感器

电控直列柱塞泵常用的正时控制器均为电控液压式,按控制液压油路的电控元件不同主要可分为电磁阀控制型和步进电动机控制型两种。

1. 电磁阀控制型正时控制器

电磁阀控制型正时控制器的工作原理如图 3-34 所示。直列柱塞泵驱动轴通过驱动盘、滑块、滑块销、大小偏心轮驱动凸轮轴转动。当需减小供油提前角(正时推迟)时,ECU 控制电磁阀使正时控制器的进油通道关闭而回油通道开启[图 3-34(a)],液压腔内的油压下降,在回位弹簧作用下活塞向右轴向移动,而滑块和滑块销向内径向移动,安装在滑块销上的大小偏心轮转动,使凸轮轴相对驱动盘沿转动相反的方向转过一定角度,从而使直列柱塞泵供油提前角减小(正时推迟)。反之,需要使直列柱塞泵供油提前时,ECU 控制电磁阀使正时控制器的进油通道开启而回油通道关闭[图 3-34(b)],润滑油进入液压腔使油压升高,并推动活塞向左移动,活塞推动滑块和滑块销向外移动,偏心轮转动使凸轮轴相对驱动盘沿转动方向转过一定角度,直列柱塞泵供油提前角增大。直列柱

塞泵的供油正时随正时控制器液压腔内的油压而变化,ECU通过电磁阀控制液压腔内的油压,即可控制供油正时。

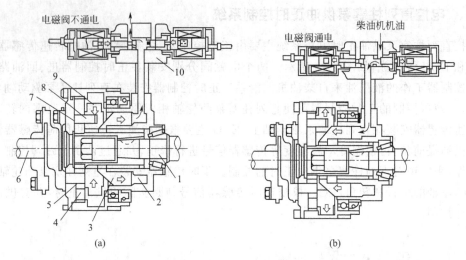

图 3-34　电控直列柱塞泵电磁阀控制型正时控制器

1—凸轮轴;2—液压腔;3—液压活塞;4—大偏心轮;5—小偏心轮;
6—驱动轴;7—驱动盘;8—滑块销;9—滑块;10—电磁阀

2. 步进电动机型正时控制器

电控直列柱塞泵步进电动机控制型正时控制器如图 3-35 所示。电控直列柱塞泵步进电动机控制型正时控制器是将驱动柱塞分泵的滚轮体装在一个滑套内,滑套的左侧和右侧分别承受弹簧力和机油压力,当滑套右侧的机油压力变化时,滑套带动滚轮体向左或向右移动,滚轮体向左移动(相当于凸轮相对滚轮体沿其工作方向转过一定角度)时供油正时提前,滚轮体向右移动(相当于凸轮相对滚轮体沿其工作相反方向转过一定角度)时供油正时推迟。

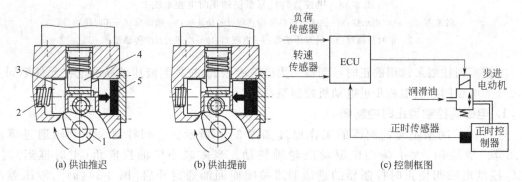

图 3-35　直列柱塞泵步进电动机控制型正时控制器

1—分泵驱动凸轮;2—弹簧;3—滑套;4—滚轮体;5—机油腔

滑套右侧的机油压力由步进电动机控制阀控制。控制阀与阀杆制成一体,控制阀伸入到正时控制器的进油通道中。柴油机工作时,ECU根据各传感器信号控制步进电动机的正反转和转动量,丝杠机构则将步进电动机的旋转运动转变为阀杆的直线运动,由控制阀调节正时控制器的进油通道流通截面,以改变滑套右侧承受的机油压力,实现供油正时的"位置控制"。

三、ISUZU直列柱塞泵式柴油电控系统

日本ISUZU(五十铃)-6WF1发动机采用的直列柱塞泵式柴油电控系统,该系统如图3-36所示,主要由发动机控制装置ECU、各类传感器、喷油泵和喷油器等组成。

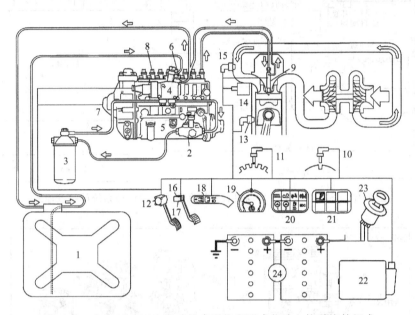

图3-36　ISUZU-6WF1发动机直列柱塞泵式柴油电控系统的组成

1—燃油箱;2—输油泵;3—柴油滤清器;4—EHAB;5—喷油泵;6—溢流阀;7—控制单元;
8—出油阀;9—喷油器;10—主N(发动机转速)传感器;11—备用N(发动机转速)传感器;
12—油门踏板位置传感器;13—冷却液温度传感器;14—增压压力传感器;15—增压空气
温度传感器;16—制动踏板开关;17—离合器踏板开关;18—巡航控制;19—转速表;
20—指示灯;21—诊断开关;22—控制单元;23—点火开关;24—蓄电池

喷油泵上装有电子控制(EC)调速器、正时和喷油速度控制系统(TICS)。EC调速器主要用于对供油量进行调整;TICS中主要包含预行程传感器和执行器,其主要作用是对喷油正时进行调节。

6WF1发动机直列柱塞泵式柴油电控系统的控制原理如图3-37所示。发动机控制装置ECU接收发动机转速、车速、温度、油门位置、喷油泵油量调节齿杆位置和预行程(也称预冲程)位置等信号,通过与其内部的系统控制模型比较、计算,输出正确的指令,分别对喷油泵油量调节齿杆的位置和预行程执行器的位置进行调整,从而实现对喷油量和喷油正时的控制与调整。

1. 电子控制(EC)调速器

电子控制(EC)调速器的结构如图3-38所示,属线性直流电动机型的电子调速器,其内部不仅包含调速器执行器,也包含备用N(发动机转速)传感器。

电子控制(EC)调速器的基本喷油量位置(齿杆位置)视油门开度和发动机转速而定,目标喷射量由ECU根据各传感器输入的信息进行调节后确定。

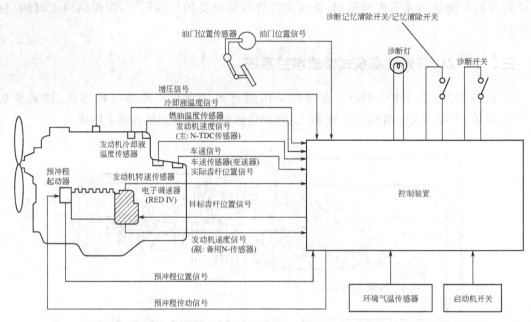

图 3-37　ISUZU-6WF1 发动机直列柱塞泵式柴油电控系统的控制原理

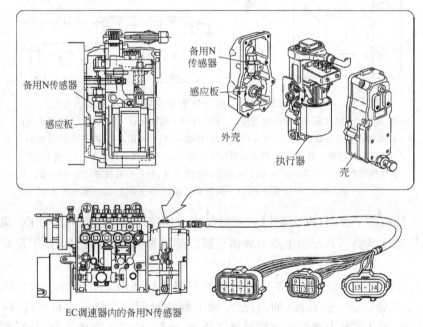

图 3-38　6WF1 发动机电控直列柱塞泵电子调速器的结构

齿杆传感器检测实际喷射量(实际齿杆位置),移动调速器执行器至目标齿杆位置,从而控制喷射量,如图 3-39 所示。

2. 正时和喷油速度控制系统(TICS)

前面所介绍的供油(喷油)提前角的调节方法有两种:一种方法是调整直列柱塞喷油泵的凸轮轴与发动机曲轴之间的相对位置来调整喷油泵的供油提前角,通过对供油提前角的调整实现对喷油器喷油提前角的调整;另一种方法是通过改变柱塞分泵中柱塞的高度位置来实现

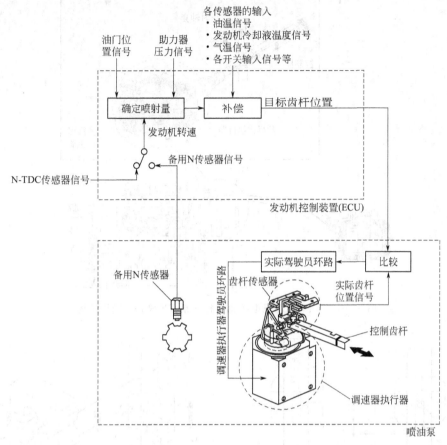

图 3-39　6WF1 发动机电控直列柱塞泵电子调速器的控制原理

对喷油提前角的调节。日本五十铃 6WF1 发动机的直列柱塞泵柴油电控系统采用类似于后一种的方法对供油(喷油)提前角进行调节,其所应用的供油(喷油)提前角调节装置叫做正时和喷油速度控制系统,简称 TICS。该系统主要包含预行程传感器和执行器,均设置在喷油泵内,如图 3-40 所示。

所谓"预行程",就是直列柱塞泵的供油提前行程,与供油提前角相对应。如图 3-41 所示,预行程对应于图中的行程 D,在这一行程中,柱塞 1 从其下止点移动到进油孔 F 被正时轴套 2 封闭为止,燃油在压力下被送入(而在常规喷油泵中,这一行程是固定不变的)。

与常规喷油泵中的固定柱塞套不同,6WF1 发动机电控直列柱塞泵中的柱塞套 3 包容了一个可上下垂直运动的正时轴套 2,如图 3-42 所示。喷油泵中有一个由定时杆 4、销子 6 和执行器 5 组成的机构,用来推动正时轴套 2。执行器 5 使定时杆 4 朝任一方向转动时,销子 6 会推动正时轴套 2 分别上下运动。由于正时轴套 2 上有一个出油孔 G,所以预行程可随正时轴套的运动而改变,因而这套预行程装置也称为可变预行程机构。

可变预行程机构所控制的供油动作如图 3-43 所示。当柱塞 1 从上止点向下运动、柱塞进油孔 F 打开时,燃油在柱塞下移运动所产生的负压和输油泵提供的压力作用下流入高压室 L。

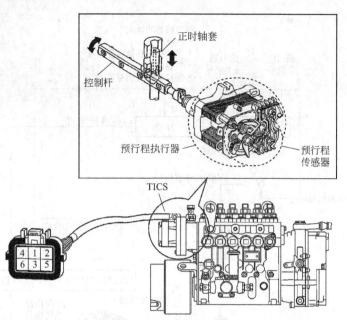

图 3-40　6WF1 发动机电控直列柱塞泵 TICS 的位置与结构

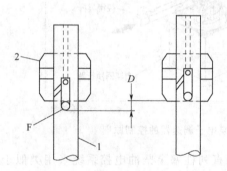

图 3-41　6WF1 发动机电控直列
柱塞泵的预行程

1—柱塞;2—正时轴套;
D—预行程;F—进油孔

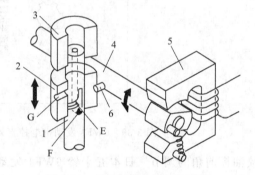

图 3-42　6WF1 发动机电控直列
柱塞泵的可变预行程机构

1—柱塞;2—正时轴套;3—柱塞套;4—定时杆;5—执行器;
6—销子;E—前缘;F—进油孔;G—出油孔

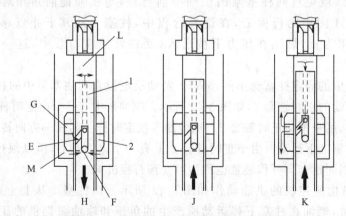

图 3-43　可变预行程机构控制的供油动作过程

1—柱塞;2—正时轴套;E—前缘;F—进油孔;G—出油孔;L—高压室;
M—油槽;H—燃油吸入;J—开始加压;K—供油结束

当柱塞 1 上移但提升量很小时,高压室 L 中的燃油通过柱塞中的进油孔 F 流入油槽 M,因此,高压室内的压力并未升高。当柱塞 1 继续上移而且进油孔 F 被正时轴套 2 封闭时,燃油开始受压。压力随着柱塞的上移而加大。喷油泵此时开始向各喷油器输送高压燃油。当柱塞 1 的前缘 E 与正时轴套 2 上的出油孔 G 对准时,高压室 L 中的燃油回流到油槽 M 中,从而完成燃油高压输送的一次循环。喷油量可通过转动柱塞 1 进行调整,这样可以改变与柱塞前缘 E 相应的正时轴套 2 中的出油孔 G 位置。

通过上述的供油过程可以看出,改变正时轴套 2 的位置可改变柱塞的预行程,即可以改变喷油正时,例如,如果减小预行程,柱塞 1 中的进油孔 F 就会提前闭合,从而使喷油正时提前。这一调整方法可提供响应性极高的喷油正时控制,从而可以改善发动机的冷启动性能。

6WF1 发动机电控直列柱塞泵的预行程控制原理如图 3-44 所示,发动机控制装置(ECU)根据发动机转速和负荷信号,确定基本预行程,再通过温度信号、助力器压力信号、油门位置信号以及各种开关输入信号等的修正补偿,ECU 将计算出一个目标预行程位置,同时,预行程传感器检测到实际预行程位置,并将此数据发送至 ECU。ECU 通过对计算出的目标预行程位置和实际预行程位置的比较,将最终确定出的预行程位置数据至执行器。执行器调节预行程位置至目标值。

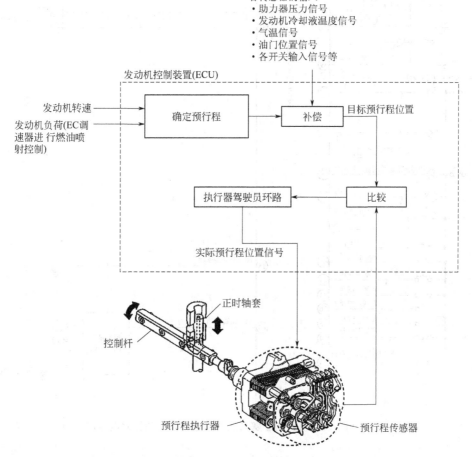

图 3-44　6WF1 发动机电控直列柱塞泵 TICS 的控制原理

6WF1 发动机直列柱塞泵式柴油电控系统的控制电路如图 3-45、图 3-46 所示。

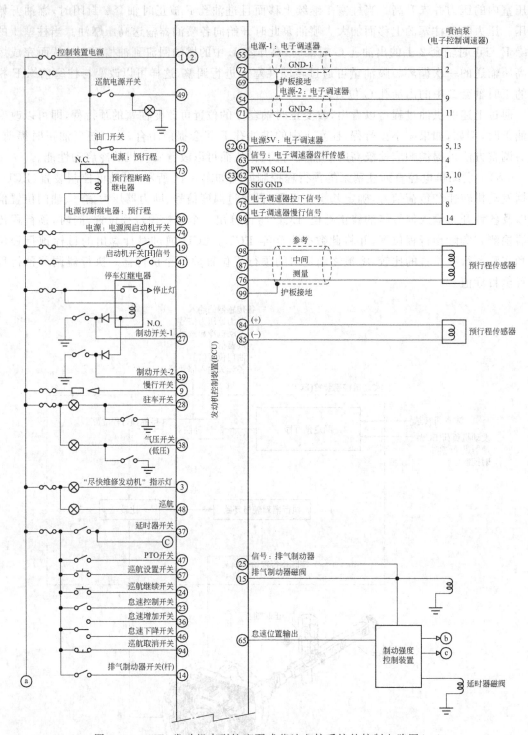

图 3-45　6WF1 发动机直列柱塞泵式柴油电控系统的控制电路图(一)

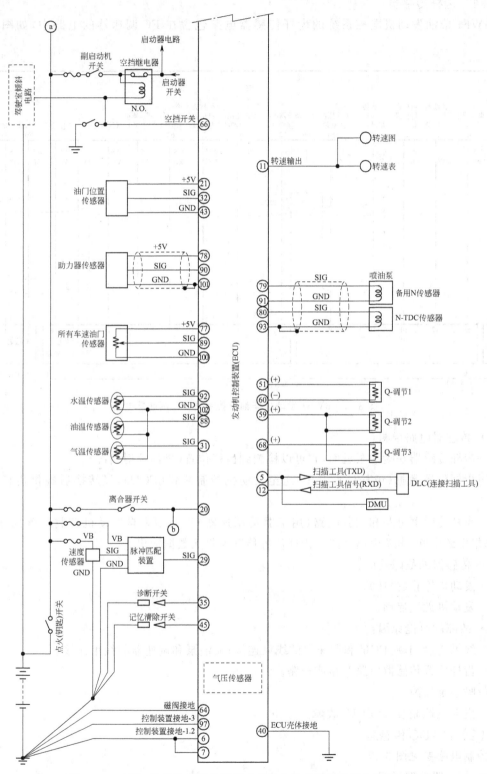

图 3-46　6WF1 发动机直列柱塞泵式柴油电控系统的控制电路图(二)

3. 传感器

（1）齿杆传感器

6WF1 柴油发动机电控系统的齿杆传感器电路包含在 EC 调速器的电路中,如图 3-47 所示。

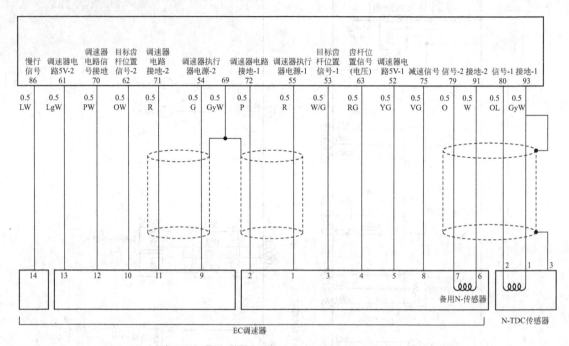

图 3-47　6WF1 发动机柴油电控系统 EC 调速器电路

- 传感器电路说明：

—齿杆传感器在喷油泵里面,它可以检测到齿杆位置(燃油喷射情况)。

—齿杆位置数据(齿杆位置电压)送至发动机控制装置(ECU),经转换后提供齿杆位置 DTC。

—齿杆传感器电路和伺服电路(用于驱动调速器)均使用来自发动机控制装置的 5V 电源,如果电源中断(电源电路开路),齿杆位置传感器将无数据输出。

- 传感器的故障效应：

—发动机停止(失速)。

—发动机无法启动。

- 故障的可能原因：

—线束连接问题：ECU 和调速器的线束连接；喷油泵和调速器的线束连接。

—齿杆位置传感器电路开路或短路。

—喷油泵故障。

—发动机控制装置(ECU)故障。

（2）N-TDC 传感器

控制电路参见图 3-47。

- 传感器电路说明：

—N-TDC 传感器用于监控发动机的转速。

—传感器的感应板安装在喷油泵上。感应板在传感器尖端处快速移动,产生电压脉冲。ECU 检测该脉冲并计算脉冲之间的时间,以此来确定发动机转速。

—如果 N-TDC 传感器失效,ECU 将利用备用 N 传感器(也在喷油泵内)信号来确定发动机转速。

- 传感器的故障效应:

—当 ECU 测得的发动机转速瞬时下降为 0 时,将采用备用 N 传感器信号。

- 故障的可能原因:

—线束连接问题:ECU 和调速器的线束连接;喷油泵和调速器的线束连接。

—N-TDC 传感器信号电路或接地电路开路或短路。

—传感器损坏。

—感应板弯曲。

—备用 N 传感器信号问题。

—发动机控制装置(ECU)故障。

（3）备用 N 传感器

控制电路参见图 3-47。

- 传感器电路说明:

—在 N-TDC 传感器断开时,ECU 利用备用 N 传感器信号监控发动机转速。

—备用 N 传感器安装在喷油泵电子调速器内。感应板在传感器尖端处快速移动,产生电压脉冲。ECU 检测到脉冲并计算脉冲之间的时间,来确定发动机转速。

- 传感器的故障效应:

—备用 N 传感器失效对车辆没有影响,但发动机控制灯在急加速是会亮起。

- 故障的可能原因:

—线束连接问题:ECU 和调速器的线束连接;喷油泵和调速器的线束连接。

—备用 N 传感器信号电路或接地电路开路或短路。

—传感器损坏。

—感应板弯曲。

—N-TDC 传感器信号问题。

—发动机控制装置(ECU)故障。

（4）冷却液温度（水温）传感器

控制电路参见图 3-48。

- 传感器电路说明:

—冷却液温度传感器用于监控发动机的水温。

—感应区域内的温度变化将引起电路电阻的变化。发动机控制装置(ECU)检测电阻变化情况,计算当前电压。电压电平被转换成温度读数。ECU 示意对应于温度变化的发动机控制变化。

—ECU 通过负荷将 5V 的电源电压送达传感器。接地电路与其它传感器共用(气温传感器和燃油温度传感器)。

- 传感器的故障效应:

—低温状态下启动困难。

—发动机冷启动时排出黑色或白色尾气。

• 故障的可能原因：

—线束连接问题：ECU 和调速器的线束连接；传感器和车架线束之间的连接等。

—冷却液温度传感器信号电路或接地电路开路或短路。

—传感器损坏（内部电路）。

—发动机控制装置（ECU）故障。

（5）气温传感器

控制电路参见图 3-48。

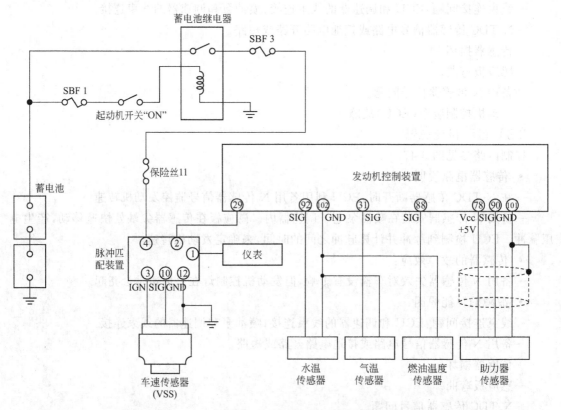

图 3-48　6WF1 发动机柴油电控系统的部分传感器电路

• 传感器电路说明：

—气温传感器用于监控车外（空气）的温度。

—感应区域内的温度变化将引起电路电阻的变化。发动机控制装置（ECU）检测电阻变化情况，计算当前电压。电压电平被转换成温度读数。ECU 示意对应于温度变化的发动机控制变化。

—ECU 通过负荷将 5V 的电源电压送达传感器。接地电路与其它传感器共用（水温传感器和燃油温度传感器）。

• 传感器的故障效应：

—天气较热的情况下，爬坡时会发生动力输出下降。

• 故障的可能原因：

—线束连接问题：ECU 和调速器的线束连接；传感器和面板线束之间的连接等。

—气温传感器信号电路或接地电路开路或短路。

—传感器损坏(内部电路)。

—发动机控制装置(ECU)故障。

（6）燃油温度传感器

控制电路参见图 3-48。

• 传感器电路说明：

—燃油温度传感器用于监控从油箱送入发动机的燃油的温度。

—燃油温度的变化将引起传感器电阻的变化。电阻的变化引起电压电平的变化。发动机控制装置(ECU)检测电压电平,计算出燃油温度。这一数据供发动机控制器决定用。ECU 示意对应于温度变化的发动机控制变化。

—ECU 通过负荷将 5V 的电源电压送达传感器。其它传感器(水温和气温)与燃油温度传感器共用接地路径。

• 传感器的故障效应：

—天气较热的情况下,爬坡时会发生动力缺失。

• 故障的可能原因：

—线束连接问题：ECU 和调速器的线束连接；调速器线束和传感器之间的连接。

—燃油温度传感器信号电路或接地电路开路或短路。

—传感器损坏(内部电路)。

—发动机控制装置(ECU)故障。

（7）油门位置传感器

控制电路参见图 3-49。

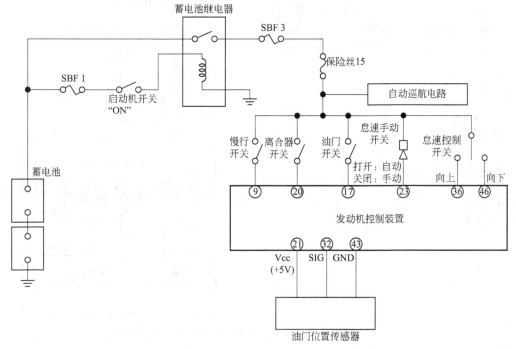

图 3-49　6WF1 发动机柴油电控系统的油门位置传感器电路

• 传感器电路说明：

　　—油门位置传感器用于监控油门踏板的开启角度。

　　—油门踏板踩下后,油门位置传感器杆被系统杆旋转,这将改变输出电压(踏板踩下时电压高,踏板松开时电压低)。ECU 读出电压变化,将它转换成油门开启角度数据,供控制发动机使用。

　　—传感器电源电压为 5V。信号和接地电路仅用于油门位置传感器。油门踏板位置在油门开关处监控。该功能由油门位置传感器诊断。

　　• 传感器的故障效应:

　　—发动机激活不良。

　　—动力缺失。

　　—发动机相当于油门踏板的移动速度缓慢。

　　• 故障的可能原因:

　　—线束连接问题:ECU 和面板线束连接;面板、车架线束和传感器之间的连接等。

　　—油门位置传感器信号电路或接地电路开路或短路。

　　—传感器损坏(内部电路)。

　　—发动机控制装置(ECU)故障。

　　(8) 预行程传感器

　　控制电路参见图 3-50。

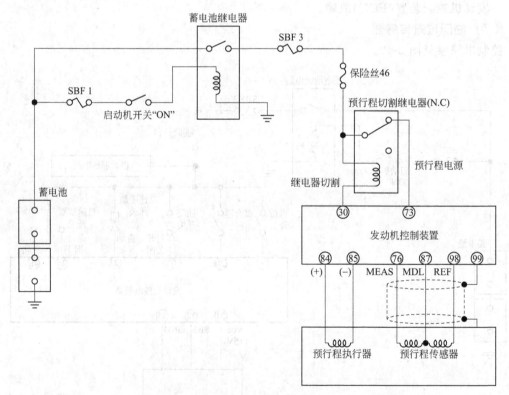

图 3-50　6WF1 发动机柴油电控系统的预行程传感器电路

　　• 传感器电路说明:

　　—预行程传感器安装在高压柴油泵内,用于监控高压柴油泵预行程的位置。

—传感器有3个信号电路(中间、测量和参考)。

—ECU发送MEASURE(测量)信号(正弦波)到预行程传感器。传感器将MIDDLE(中间)信号返回至ECU。ECU将其它MEASURE(测量)信号发送至传感器,用于稳定MIDDLE(中间)信号中的振动情况,以此来确定预行程的位置。

—REFERENCE(参考)信号是标准信号,用于比较MEASURE(测量)和MIDDLE(中间)振动。

• 传感器的故障效应:

—发动机排出黑色或白色尾气。

—动力缺失。

—发动机激活不良。

—白色尾烟→发动机激活不良→约每隔2秒正常操作气缸。

• 故障的可能原因:

—线束连接问题:ECU和调速器线束连接;调速器线束和传感器之间的连接等。

—预行程传感器电路开路或短路。

—预行程正极执行器电路对地短路(白色尾烟→发动机激活不良→约每隔2秒正常操作气缸)。

—喷油泵损坏(线束或内部电路)。

—发动机控制装置(ECU)故障。

（9）气压传感器

气压传感器的位置如图3-51所示,位于发动机控制装置(ECU)内。

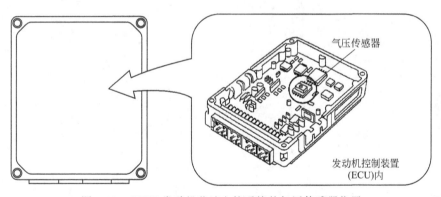

图3-51　6WF1发动机柴油电控系统的气压传感器位置

• 传感器电路说明:

—气压传感器用于监控车外的大气压力。天气变化和高度变化时,气压也会随着变化,传感器可感应到变化。气压低时,传感器输出电压低;气压高时,传感器输出电压高。

—ECU可监测到电压电平,将其转换成气压数据。这一数据是ECU在决定发动机控制情况时的一个因素。

—注意:如果气压传感器出现故障,必须更换ECU总成,不得解体ECU。

• 传感器的故障效应:

—发动机排出黑色或白色尾气。

—动力缺失。

• 故障的可能原因:

—发动机控制装置（ECU）故障。

复习思考题

1. 直列柱塞泵主要由哪几部分组成？

2. 直列柱塞泵中装有的柱塞分泵的数量与发动机气缸数具有什么样的关系？

3. 柱塞分泵中有几组偶件？分别是什么？

4. 简述柱塞分泵的泵油原理？

5. 柱塞分泵每次泵出的油量取决于柱塞的有效行程，那么什么是柱塞的有效行程？有效行程是如何进行调节的？

6. 油量调节机构的功用是什么？常用的油量调节机构有哪几种？

7. 简述调速器的功用。

8. 直列柱塞泵电控系统如何控制供油量？

9. 在直列柱塞泵电控系统中，供油（喷油）提前角的调节方法有哪几种？

10. 什么是"预行程"？简述五十铃 6WF1 发动机电控直列柱塞泵的预行程工作原理。

第四章 分配泵式柴油控制系统

与直列柱塞式喷油泵相比,分配式喷油泵具有以下主要特点:①结构简单,精密零件少、体积小、重量轻、成本低;②能够保证各缸供油的均匀性和供油时间的一致性,分配泵单缸供油量和供油提前角不需调整;③凸轮升程小,柱塞行程小,有利于提高转速。因此,分配式喷油泵广泛应用与小型、高速柴油发动机上。

分配式喷油泵(简称分配泵)按其结构不同,分为轴向压缩式分配泵和径向压缩式分配泵两种。

第一节 传统轴向柱塞式分配泵供油系统

一、传统分配泵燃油供给系统的组成

无论是轴向压缩式分配泵燃油供给系统,还是径向压缩式分配泵燃油供给系统,作为传统分配泵燃油供给系统,其组成都基本相同。

如图 4-1 所示,系统主要由油箱、膜片式输油泵、柴油滤清器、低压油管、分配泵、高压油管、喷油器和回油管等组成。发动机工作时,膜片式输油泵将柴油从油箱中吸出并泵向柴油滤清器,经滤清后的柴油进入分配泵,分配泵将柴油加压并通过高压油管分配给

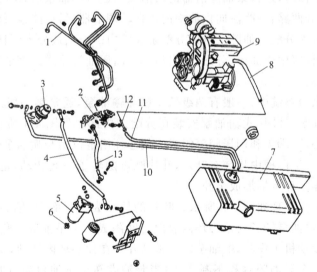

图 4-1 传统分配泵燃油供给系统

1—高压油管;2—分配泵;3—膜片式输油泵;4,10,13—低压油管;5—柴油滤清器;
6—积水传感器;7—油箱;8,11—回油管;9—发动机;12—三通接头

各缸喷油器,输油泵和喷油泵供给的多余的柴油及喷油器泄漏的少量柴油经回油管流回油箱。

二、传统轴向柱塞式分配泵的结构原理

轴向柱塞式分配泵,也称单柱塞分配泵或 VE 泵,它是利用柱塞的轴向移动泵油、利用柱塞(转子)的转动向各缸分配高压燃油。传统轴向柱塞式分配泵主要由叶片式输油泵、分配泵驱动机构、分配泵、供油提前角自动调节器、断油电磁阀、调速器等组成,如图 4-2 所示。

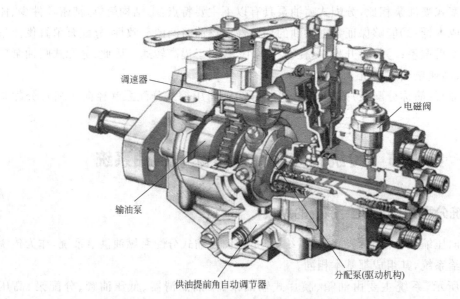

图 4-2　传统轴向柱塞式分配泵基本结构

当柴油发动机工作时,来自柴油滤清器的清洁柴油进入喷油泵后,由叶片式输油泵二次泵油,输出的低压柴油分两路:一路流向供油提前角自动调节器,另一路经泵体内的油道、分配泵柱塞上的轴向油槽进入分配泵油腔。进入分配泵油腔内的柴油被分配泵柱塞(又称分配转子)加压,然后经分配泵柱塞中心油道、分配孔、出油阀和高压油管输送给喷油器,如图 4-3 所示。

1. 叶片式输油泵

在分配泵燃油供给系统中,一般有两级低压燃油输油泵,通常第一级采用活塞式输油泵,第二级为叶片式输油泵。叶片式输油泵安装在分配泵内部。如图 4-4 所示,叶片式输油泵主要由转子、叶片、偏心环、端盖和调压阀等组成。偏心环用定位销与喷油泵壳体固定;转子装在偏心环内,转子上的 4 个凹槽中均装有叶片,叶片既可随转子一起转动,也可在转子凹槽内滑动。端盖用于封闭偏心环两端形成泵腔。

叶片式输油泵工作原理如图 4-5 所示。叶片的外端为圆弧面,与偏心环内表面配合并始终保持接触,叶片将输油泵转子与偏心环内表面之间隔成 4 个泵油腔。输油泵转子与喷油泵轴用键连接。柴油发动机工作时,输油泵转子带动叶片在偏心环内转动,使叶片、转子、偏心环和端盖共同形成的 4 个泵油腔容积不断变化;当泵油腔转至进油口附近时,由于容积逐渐增大,将来自膜片式输油泵的柴油吸入泵油腔;泵油腔转过进油口后,容积逐渐减少,使泵油腔内的柴油压力升高,当泵油腔与出油口连通时,泵油腔内的柴油输出送往分配泵。

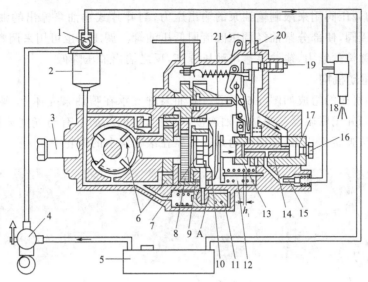

图 4-3 传统轴向柱塞式分配泵供油系统

1—限压阀；2—柴油滤清器；3—泵轴；4—膜片式输油泵；5—油箱；6—叶片式输油泵；
7—联轴器；8—调速器驱动齿轮；9—滚轮机构；10—端面凸轮；11—供油提前角
自动调节器；12—分配泵柱塞回位弹簧；13—油量控制滑套；14—分配泵柱塞；
15—出油阀；16—检视螺钉；17—分配泵柱塞套筒；18—喷油器；19—最大
供油量调节螺钉；20—回油管接头；21—调速器总成

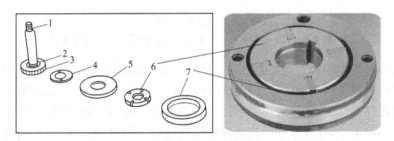

图 4-4 叶片式输油泵的组成

1—喷油泵轴；2—弹性连接块；3—调速器驱动齿轮；4—垫片；5—端盖；6—转子；7—偏心环

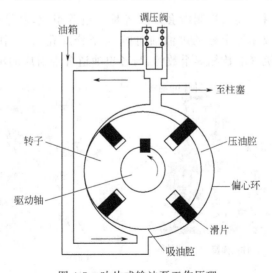

图 4-5 叶片式输油泵工作原理

　　输油泵上的调压阀用来限制输油泵的输出压力,当叶片式输油泵输出的油压超过规定值时,柴油顶开调压阀,使部分柴油经调压阀流回低压油管。调压阀也可用来调整输油泵输出油压,增加调压阀弹簧预紧力,输油泵输出油压提高,反之输出油压降低。

2. 分配泵驱动机构

　　分配泵驱动机构的组成如图 4-6 所示。喷油泵轴支承在喷油泵壳体上,端面凸轮与分配泵柱塞连成一体,并用联轴器与喷油泵轴连接,端面凸轮的端面上有与气缸数相等的凸轮(凸峰)。在柱塞回位弹簧作用下,端面凸轮始终抵靠在滚轮架上的滚轮上。

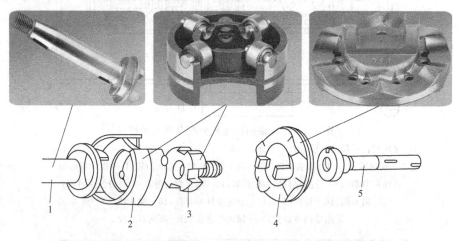

图 4-6　分配泵驱动机构

1—喷油泵轴;2—滚轮架;3—联轴器;4—端面凸轮;5—分配泵柱塞

　　当喷油泵轴通过联轴器带动端面凸轮和柱塞一起转动,端面凸轮的凸峰转过滚轮时,端面凸轮和分配泵柱塞被顶向右轴向移动;凸峰转过后,柱塞回位弹簧又使端面凸轮和分配泵柱塞向左回位。就这样,分配泵柱塞随喷油泵轴一起旋转的同时,在端面凸轮和回位弹簧作用下,不断进行往复轴向运动,喷油泵轴的转速为曲轴转速的一半,柱塞随喷油泵轴每转一圈,往复运动的次数与端面凸轮数(气缸数)相等。柱塞每往复运动一次,即完成一次吸油和泵油过程。

3. 分配泵

　　分配泵主要由柱塞、柱塞套、控制滑套以及各种油道等组成,其结构如图 4-7 所示。柱塞上均布着与发动机气缸数相等个数的进油轴向槽、1 个分配孔、1 个中心油道和 1 个泄油孔。柱塞套上均布着与发动机气缸数相等个数的、与各出油道分别对应的出油孔。

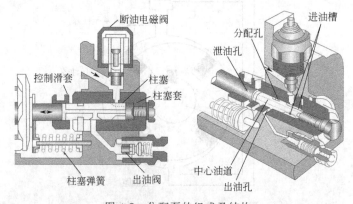

图 4-7　分配泵的组成及结构

分配泵的工作过程可分为吸油、泵油、回油三个过程，另外还有停机熄火控制。

（1）吸油过程

分配泵的吸油过程如图 4-8 所示。

当端面凸轮转过滚轮架上的滚轮时，柱塞在回位弹簧的作用下向左移动。此时，泄油孔被油量控制滑套封闭，分配孔与柱塞套上的出油孔错开，泵腔内因容积增大而产生真空度；当柱塞上的某一轴向进油槽与进油孔接通时，来自叶片式输油泵的柴油经进油道、进油孔和轴向进油槽进入泵腔，分配泵完成吸油过程。

（2）泵油过程

分配泵的泵油过程如图 4-9 所示。

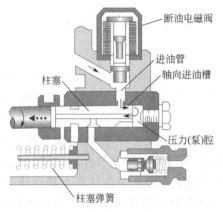

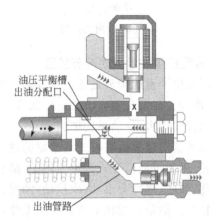

图 4-8　分配泵吸油过程　　　　　　　图 4-9　分配泵泵油过程

随柱塞继续转动，轴向进油槽与进油孔错开（进油孔关闭），泄油孔仍被封闭，端面凸轮顶动柱塞使其向右移动，泵腔内的油压升高。当分配孔与柱塞套上的某一出油孔接通时，泵腔内的高压柴油即经柱塞中心油道和分配孔进入出油道，并顶开出油阀供往喷油器，分配泵完成泵油过程。

柱塞上的轴向进油槽、柱塞套上的出油孔、泵体上的出油道都是沿圆周方向均布，且数量与柴油发动机气缸数相等。随分配泵柱塞的转动，柱塞每转一圈（曲轴转两圈），分配泵通过柱塞上的每个轴向进油槽各完成一次吸油过程；由于端面凸轮上的凸峰数量也与柴油发动机气缸数相等，所以柱塞每转一圈，柱塞上的分配孔与泵体上的每个出油道各接通一次，分配泵按做功顺序向各缸喷油器供油一次。

在柱塞上还设有油压平衡槽，其功用是：在柱塞旋转过程中分别与各出油道接通，以平衡各出油道内的压力，对保证分配泵向各缸分油均匀有利。

（3）回油过程

分配泵的回油过程如图 4-10 所示。

在分配泵泵油过程中，随柱塞向右移动，当泄油孔从油量控制滑套中露出，即与泵壳内腔相通时，分配泵内的高压柴油经柱塞中心油道和泄油孔流入泵壳内腔，出油道内油压迅速下降，出油阀关闭，分配泵泵油过程结束。

（4）停机熄火

分配泵上装有一个断油电磁阀，如图 4-11 所示。当点火开关处于 ON 位置时，断油电磁阀电路接通，将断油阀体吸起，分配泵进油道开通。当需要停机熄火时，只要关闭点火开关，断油电磁阀电路断开，断油阀体在弹簧作用下切断分配泵进油道，分配泵停止供油，柴油发动机熄火。

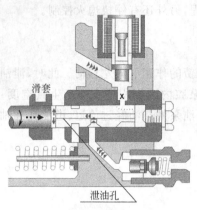

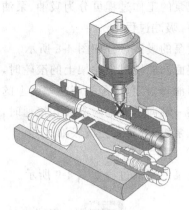

图 4-10　分配泵回油过程　　　　　　　　　图 4-11　分配泵停机熄火

4. 分配泵供油量自动调节装置

分配泵供油量的调节是通过改变油量控制滑套在柱塞上的轴向位置来实现的。滑套向左移动时,泄油孔从滑套中露出之前柱塞有效泵油行程减小,供油量减少;滑套向右移动时,柱塞有效泵油行程增大,供油量增加。

滑套的轴向位置由离心式调速器的油量控制杠杆控制。如图 4-12 所示,分配泵轴上带有一个齿轮,用于带动离心式调速器转动,随着转速的变化,调速器上飞锤的开启角度会发生相应的变化,如此,飞锤会推动(或拉动)油量控制杠杆带动滑套在分配泵的柱塞上轴向移动,使滑套与柱塞上泄油孔的相对位置发生变化,这样就改变了柱塞的有效泵油行程,从而实现对供油量的控制。

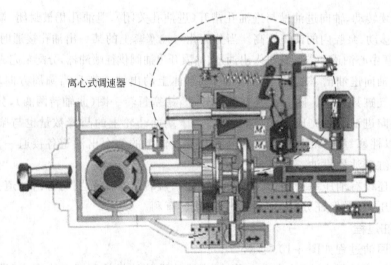

图 4-12　分配泵供油量自动调节装置

5. 分配泵供油提前角自动调节器

轴向柱塞式分配泵采用液压式供油提前角自动调节器。供油提前角自动调节器安装在泵体下部,其结构如图 4-13 所示。正时活塞上加工有两个互相垂直的径向孔,连接销上也加工有一个径向孔,连接销安装在正时活塞处于水平位置的径向孔内,拨动销下端插入正时活塞和连接销处于垂直方向的径向孔中。正时活塞通过连接销和拨动销与滚轮架相连,滚轮架上装有与气缸数相等的滚轮。

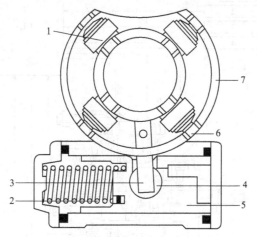

图 4-13 分配泵供油提前角自动调节器
1—滚轮;2—弹簧;3—拨动销;4—连接销;
5—正时活塞;6—滚轮轴;7—滚轮架

液压式供油提前角自动调节器的工作原理如图 4-14 所示。正时活塞右侧与泵壳内腔相通,左侧油缸内有弹簧并与二级叶片式输油泵进油道相通。当柴油发动机在常用转速下工作时,叶片式输油泵输送到泵壳内腔的低压柴油进入正时活塞右腔,使正时活塞受到低压柴油向左的推力与正时活塞左侧的弹簧弹力和来自柴油滤清器的柴油压力之和相平衡。当转速升高时,叶片式输油泵输出的油压也随之升高,正时活塞两侧受力失去平衡而向左移动,并经过连接销、拨动销使滚轮架顺时针转过一定角度,端面凸轮上的凸峰则提前一定角度与滚轮接触,分配泵的供油时刻提前;反之,则供油时刻推迟。

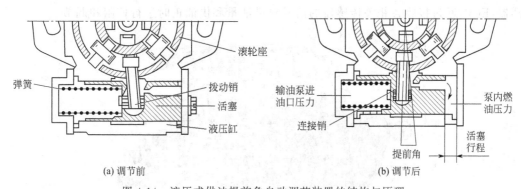

图 4-14 液压式供油提前角自动调节装置的结构与原理

第二节 电控轴向柱塞式分配泵供油系统

一、电控轴向柱塞式分配泵"位置控制"系统

1. 分配泵"位置控制"系统的组成

轴向柱塞式分配泵"位置控制"系统的主要组成如图 4-15 所示。

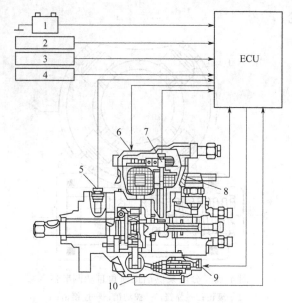

图 4-15　轴向柱塞式分配泵"位置控制"系统
1—蓄电池;2—车辆开关;3—车速传感器;4—加速踏板位置传感器;
5—泵角传感器;6—电子调速器;7—滑套位置传感器;8—燃油温度
传感器;9—正时控制电磁阀;10—正时活塞位置传感器

　　"位置控制"系统利用电子调速器通过控制分配泵中的油量控制滑套位置来实现供油量的控制,利用电磁阀通过控制供油提前角自动调节器中正时活塞两侧的油压(决定正时活塞位置)来实现供油正时控制。

　　在该系统中,分配泵的驱动机构和轴向压缩式柱塞泵与传统式分配泵完全相同,调速器和供油提前角调节器(正时装置)变成了电控形式,如图 4-16 所示。系统还增加了 ECU 和各种传感器,ECU 通过接收各相关传感器的信号对供油量和供油正时进行控制和调节。

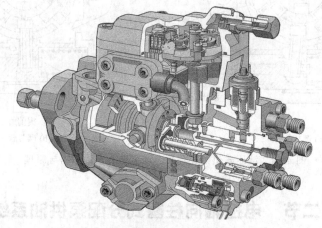

图 4-16　用于"位置控制"的电控轴向柱塞式分配泵

2. 供油量控制

　　在电控轴向柱塞式分配泵供油量"位置控制"系统中,采用电子调速器对供油量进行控制。电子调速器有转子螺线管型和螺线管型两种类型。

（1）转子螺线管型电子调速器

转子螺线管型电子调速器主要由定子铁芯、线圈、转子轴和滑套位置传感器等组成,如图 4-17 所示。

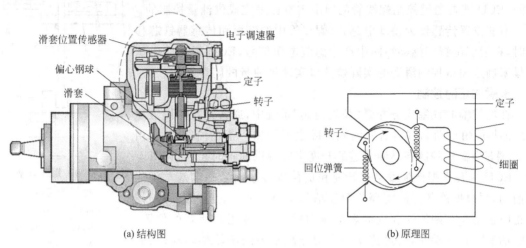

(a) 结构图　　　　　　　　　　　　　　　(b) 原理图

图 4-17　转子螺线管型电子调速器

转子螺线管型电子调速器的转子由永久磁铁制成,当给绕制在"U 形"定子铁芯上的线圈通电时,产生的磁场使转子转动,直到转子轴转动到其所受电磁力矩与弹簧产生的力矩平衡时为止;转子轴下端的偏心钢球伸入油量控制滑套的凹槽中,转子轴转动时,通过伸入滑套凹槽内的偏心钢球使滑套轴向移动,从而改变喷油泵的供油量。

ECU 可以通过控制流经线圈的电流方向来控制转子轴的转动方向,通过控制通电占空比来控制转子轴转动的角度。滑套位置传感器安装在转子轴上,ECU 通过该传感器检测的转子轴位置信号确定油量控制滑套的实际位置,并对滑套位置(即供油量)进行闭环控制。如图 4-18 所示,在怠速状态下,电子调速器向左移动控制滑套,实际供油量的有效行程减小,供油量减少;在有负荷时,电子调速器向右移动控制滑套,实际供油量的有效行程增大,供油量增加。

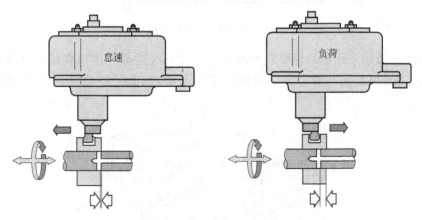

图 4-18　转子螺线管型电子调速器的工作状态

（2）螺线管型电子调速器

如图 4-19 所示,螺线管型电子调速器主要由螺线管、回位弹簧、控制臂、滑套位置传感器等组成。螺线管中的电枢、滑套位置传感器的铁芯与控制臂连成一体,控制臂下端伸入油量控制滑套的凹槽中;当螺线管通电时,使电枢通过控制臂带动滑套移动到电磁力与回位弹簧力平衡的位置,螺线管通电占空比不同,产生的磁场强度不同,电枢、控制臂和滑套的位置不同,分配泵的供油量也就不同,ECU就是通过控制螺线管的通电占空比来完成供油量控制的。

滑套位置传感器为差动电感式,螺线管中的电枢和传感器铁芯移动时,在滑套位置传感器线圈中产生感应电压信号,ECU根据此电压信号来确定油量控制滑套的实际位置以实现供油量的闭环控制。

3. 供油正时控制

在电控轴向柱塞式分配泵"位置控制"系统中,通常是在传统液压式供油提前角自动调节器活塞两侧油腔之间增加一条燃油通道,并由ECU通过电磁阀控制该燃油通道的开度来实现供油正时控制,见图4-20。ECU主要根据柴油发动机转速和负荷传感器信号确定基本供油提前角,再根据冷却液温度等传感器信号进行修正,并通过电磁阀控制正时活塞左右两侧油腔内的燃油压力差,以改变正时活塞的位置;正时活塞左右移动时,通过传动销带动分配泵内的滚轮架转动,从而改变喷油泵的供油正时。

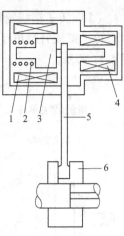

图4-19　螺线管型
电子调速器

1—螺线管;2—回位弹簧;
3—电枢;4—滑套位置
传感器;5—控制臂;
6—滑套

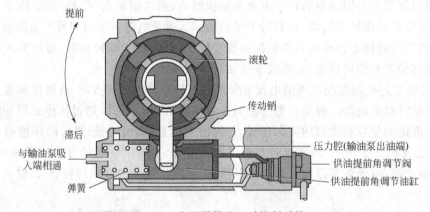

图4-20　分配泵供油正时控制系统

正时控制电磁阀实际就是螺线管中的电枢与控制阀连成一体构成的电磁阀,其结构见图4-21。ECU通过控制其通电占空比使控制阀移动,改变正时活塞两侧高、低压油室间

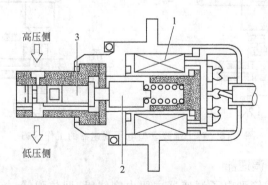

图4-21　分配泵正时控制电磁阀

1—螺线管;2—电枢;3—控制阀

的通道开度,调节正时活塞两侧的压差,以达到控制正时活塞位置、实现供油正时控制的目的。

正时活塞位置传感器多为差动电感式,见图 4-22。传感器铁芯随正时活塞移动,传感器线圈内产生与活塞位移成正比的电压(自感电动势)信号。

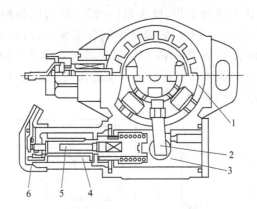

图 4-22　正时活塞位置传感器
1—滚轮架;2—传动销;3—正时活塞;
4—传感器线圈;5—铁芯;6—线束连接器

ECU 根据正时活塞位置传感器信号对供油正时进行闭环控制,如图 4-23 所示。

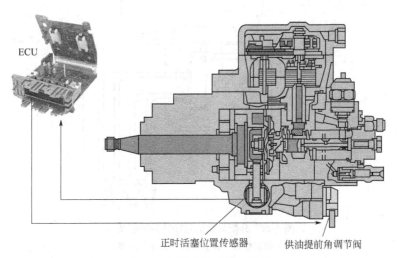

ECU

正时活塞位置传感器　　供油提前角调节阀

图 4-23　供油正时闭环控制

二、 电控轴向柱塞式分配泵 "时间控制" 系统

电控轴向柱塞式分配泵供油量的"位置控制"特点是用模拟量来控制执行元件工作,通过对喷油泵油量控制机构的定位来得到所需的供油量。用以闭环控制供油量的反馈信号也是由模拟信号传感器检测的,ECU 只能对模拟信号进行 A/D 转换后才能处理,这必然影响供油量的控制精度和执行元件的响应速度。此外,不论采用何种类型的电子调速器,总是需要由部分机械装置来完成对喷油泵供油量的调节,也会降低控制精度和响应速度。所以继供油量"位置控制"之后出现了"时间控制"。

1. 供油量控制

电控轴向柱塞式分配泵的供油量"时间控制"系统见图 4-24。控制 ECU 根据各种传感器信号计算出供油量后,向控制器发出指令和相关信息;控制器则根据 ECU 的执行指令和相关信息,并参考燃油温度传感器信号对分配给各缸的供油量进行平衡(均匀性控制),并通过驱动器(放大电路)直接控制高速电磁阀工作,以实现供油量的"时间控制"。控制器是 ECU 与分配泵之间的"信息中转站",它根据 ECU 的指令控制分配泵,同时将分配泵的信息(如电磁阀关闭时间信号、喷油始点信号等)传递给 ECU。驱动器的功用是对控制器输出的控制信号进行放大以便能够驱动高速电磁阀工作。在后期开发的此类柴油发动机电控燃油喷射系统中,一般将控制器、驱动器和 ECU 组合为一体。

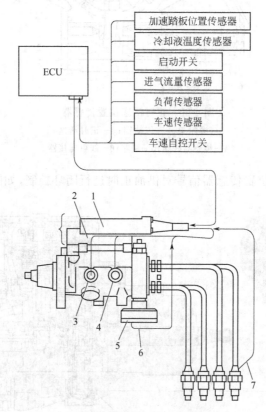

图 4-24　分配泵供油量"时间控制"系统

1—控制器;2—驱动器;3—泵角传感器;

4—燃油温度传感器;5—高速电磁阀;

6—电磁阀关闭时间传感器;

7—喷油始点传感器

采用"时间控制"方式的分配泵电控系统,根据高速电磁阀对分配泵供油的控制方式不同,可分为回油控制方式和进油控制方式两种类型。

（1）回油控制方式

传统轴向柱塞式分配泵是利用油量控制滑套的位置变化来控制分配泵回油过程开始时间的变化,即在机械控制的供油压力和供油开始时刻一定时,通过滑套的位置变化来改变停止供油(即回油)的时刻,从而实现供油量控制。

早期的供油量"时间控制"方式,则是在分配泵回油(或称溢油)通道中安装一个由 ECU 控制的高速电磁阀来取代滑套,用以控制回油时刻,实现供油量的"时间控制"。此类系统中装用的高速电磁阀为常闭式,即断电时关闭分配泵回油通道,而通电时则开启分配泵油通道。

采用回油控制方式的分配泵如图 4-25 所示,这种控制方式具有以下特点:分配泵的进、回油通道相互独立,高速电磁阀安装在分配泵回油通道中,只能对分配泵工作时的回油过程进行控制;而分配泵的柱塞上仍保留有进油槽,由柱塞上的进油槽和柱塞套筒上的进油孔控制分配泵的进油过程。在柱塞吸油过程中高速电磁阀处于关闭状态,泵油过程开始后高压油腔即产生高压,分配泵向某缸喷油器供油;当由 ECU 控制的高速电磁阀通电时,电磁阀打开高压腔回油通道,柱塞顶部的高压油腔内油压迅速下降,分配泵向某缸的供油停止。

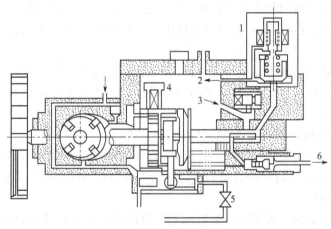

图 4-25　供油量的回油控制方式

1—高速电磁阀;2—回油口;3—进油口;4—泵角传感器;

5—正时控制电磁阀;6—至喷油器

（2）进油控制方式

供油量进油控制方式的原理如图 4-26 所示。其特点是:分配泵的柱塞上取消了进油槽,分配泵柱塞只有吸油和泵油两个行程;分配泵的回油通道与进油通道合二为一,高速电磁阀安装在进油通道中,控制分配泵工作时的供油开始和结束时刻。高速电磁阀为常开阀,在分配泵柱塞吸油行程中高速电磁阀处于开启状态(不通电),泵油行程开始后高压油腔的部分燃油经

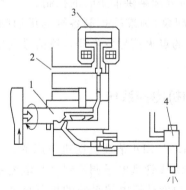

图 4-26　进油控制方式的分配泵

1—分配泵柱塞;2—进回油口;

3—高速电磁阀;4—喷油器

进油通道(也是回油通道)被压回低压腔,直到由 ECU 控制的高速电磁阀通电(根据供油正时控制)时,电磁阀关闭进油通道,分配泵高压油腔即产生高压,分配泵向某缸喷油器供油;高速电磁阀断电再次开启时,分配泵高压油腔内油压迅速下降(回油),分配泵向某缸的供油停止。高速电磁阀的关闭时刻即供油的开始时刻,关闭的时间即为供油时间(决定供油量)。

2. 供油正时控制

（1）利用电控液压供油提前角自动调节器控制供油正时

早期采用"时间控制"方式的分配泵与采用"位置控制"方式的分配泵相同,都保留了电控液压供油提前角自动调节器,通过改变分配泵驱动装置中滚轮架与端面凸轮的相对位置,来实现供油正时的控制。

"时间控制"与"位置控制"方式在供油控制方面,两者既有共同点亦有不同点。

两者的共同特点是:供油的开始时刻均取决于分配泵驱动装置中滚轮架与端面凸轮的相对位置。

两者的不同之处是供油的结束时刻的控制方式不同:采用"位置控制"方式的分配泵供油结束时刻取决于油量控制滑套的位置;采用"时间控制"方式的分配泵供油结束时刻取决于高速电磁阀的开启时刻。

（2）利用高速电磁阀的通、断时刻控制供油正时

在后期采用"时间控制"方式的分配泵中,取消了电控液压供油提前角自动调节器(如图 4-26 所示),利用高速电磁阀的关闭和开启时刻来控制供油的开始和结束时刻,真正实现了供油正时的"时间控制"。

尽管利用高速电磁阀的关闭和开启时刻来控制供油的开始和结束时刻,实现了供油正时的"时间控制",但由于在分配泵柱塞高压腔内建立压力需要时间,燃油通过高压油管时的压力传递也需要时间,所以 ECU 输出的电磁阀驱动脉冲正时与喷油器的实际喷油正时之间必然存在一定程度的时间延迟,总的延迟时间取决于柴油发动机转速、温度和高压油管长度等因素。

为了提高供油正时控制精度,在分配泵供油正时的"时间控制"系统中,ECU 除根据检测柴油发动机工况信息的各种传感器信号控制供油正时外,一般还采用两种控制措施:一是采用电磁阀关闭时间传感器(如图 4-24 所示)来精确测定电磁阀关闭始点和终点时刻,以便向 ECU 提供电磁阀驱动脉冲的实际输出正时,实现对电磁阀驱动脉冲输出正时的闭环控制;二是采用各种型式的喷油始点传感器(如图 4-24 所示),精确测定喷油器的实际喷油始点,ECU 根据此传感器的反馈信号修正对分配泵供油正时的控制。

采用"时间控制"方式的分配泵,为准确控制各缸的供油顺序,一般设有供油信号发生器(同汽油机普通电子点火系统中的点火信号发生器),该信号发生器与凸轮轴/曲轴位置传感器制成一体。

三、捷达 SDI 柴油发动机电控系统

1. 电控系统的组成及原理

一汽大众捷达轿车装用的 1.9L SDI 柴油发动机采用的是"位置控制"方式的轴向柱塞式分配泵电控系统,并采用了转子螺线管型电子调速器。其电控系统的组成如图 4-27 所示。

图 4-28 所示为捷达 SDI 柴油发动机电控系统的控制框架。发动机控制器(ECU)接收发动机机转速传感器、针阀升程传感器、调节滑块行程(即控制滑套位置)传感器、温度传感器、加速踏板(即油门踏板)位置传感器等信号,以此来确定供油量和供油正时并进行必要的修正,最

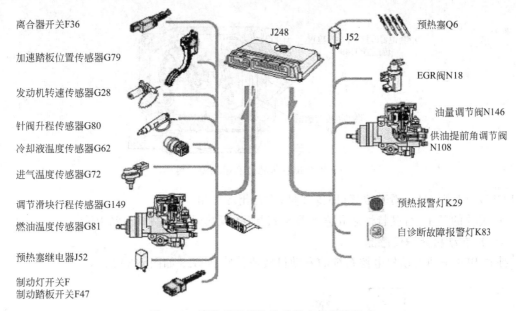

图 4-27　捷达 SDI 柴油发动机电控系统组成

终通过指令喷油泵上的执行装置（如油量调节器、供油提前角调节阀等）以实现供油的控制。在该电控系统中，各类传感器分别承担不同的工作任务，起到不同的作用，当它们出现问题时，会对系统的运行产生不同程度的影响。

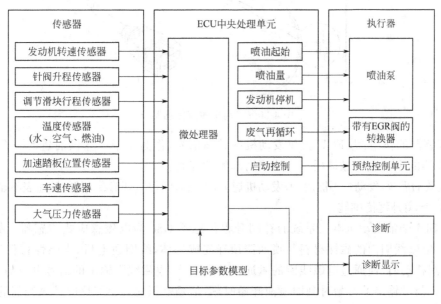

图 4-28　捷达 SDI 柴油发动机电控系统控制原理

2. 系统传感器

（1）滑套位置传感器

滑套位置传感器，也称调节滑块行程传感器，捷达 SDI 柴油发动机电控系统的滑套位置传感器 G149 如图 4-29 所示，通常为差动电感式。

• 传感器的作用：用于检测电子调速器中转子轴的位置以此确定油量控制滑套的实际位

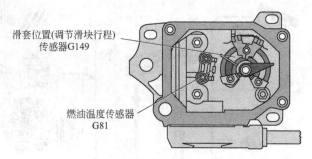

图 4-29　滑套位置传感器和燃油温度传感器

置,ECU 利用该信号对滑套位置(即供油量)进行闭环控制。

• 失效的后果:行驶特性恶化直至发动机熄火;预热时间控制灯 K29 闪烁。

（2）发动机转速传感器

捷达 SDI 柴油发动机电控系统的发动机转速传感器 G28 如图 4-30 所示。

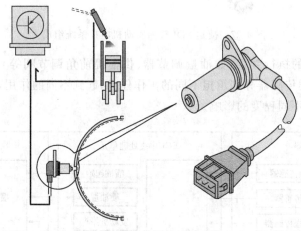

图 4-30　发动机转速传感器

• 传感器的作用:为 ECU 提供发动机的转速信号,作为用于计算供油量的一个因素,同时,其所监测的上止点信号被用于柴油喷射起始的控制。

• 失效的后果:发动机不能启动;发动机熄火;预热时间控制灯 K29 闪烁;转速表不显示转速。

（3）针阀升程传感器

捷达 SDI 柴油发动机电控系统的针阀升程传感器 G80 为电磁感应式传感器。如图 4-31 所示,位于电磁线圈内的磁性材料与喷油器顶杆连成一体,线圈通电后,当磁性材料和喷油器顶杆随针阀移动时,使通过电磁线圈的磁通量发生变化,电磁线圈输出的信号电压与针阀位移量成正比。信号输出的开始时刻即喷油开始时刻,信号电压的大小即反应针阀升程的大小。

• 传感器的作用:位于发动机 3 缸喷油器上,用来确定喷油始点信号。(传感器电磁线圈的理论电阻在室温 20℃ 时约为 80~120Ω,随着温度升高,电阻会增大)

• 失效的后果:喷油始点控制进入开环控制;功率损失;废气排放恶化;预热时间控制灯 K29 闪烁;无废气再循环功能;发动机运转粗暴;出现"耸车"现象。

（4）加速踏板位置传感器

加速踏板位置传感器即油门位置传感器。捷达 SDI 柴油发动机电控系统的加速踏板位置传感器 G79 如图 4-32 所示。

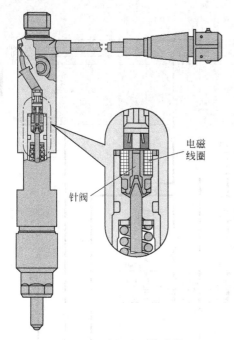

图 4-31　针阀升程传感器

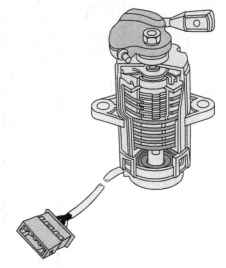

图 4-32　加速踏板位置传感器

• 传感器的作用:检测油门开度,其测得的数值作为发动机控制器用于供油量计算的重要参数。

• 失效的后果:维持较高的怠速转速;预热时间控制灯 K29 闪烁。

（5）燃油温度传感器

捷达 SDI 柴油发动机电控系统的燃油温度传感器 G81 安装在电子调速器上,如图 4-29 所示。

• 传感器的作用:检测燃油温度,所测值将作为发动机控制器计算供油量的修正值使用。

• 失效的后果:功率损失;废气排放恶化;发动机 ECU 用替代温度(-5.4℃)工作。

（6）冷却液温度传感器

冷却液温度传感器 G62 安装在发动机冷却水道上,如图 4-33 所示。

• 传感器的作用:检测冷却液(即发动机)温度,所测值将作为发动机控制器计算供油量的修正值使用。

• 失效的后果:启动时有黑烟;总是有约 20 秒的预热;发动机 ECU 利用燃油温度传感器的测量值作为替代。

（7）进气温度传感器

• 传感器的作用:检测发动机的进气温度,所测值将作为发动机控制器计算供油量的修正值使用。

• 失效的后果:没有明显症状;发动机 ECU 用替代温度(136.8℃)工作。

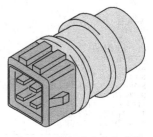

图 4-33　冷却液温度传感器

3. 系统电路图

捷达 SDI 柴油发动机的电控系统电路图参见图 4-34～图 4-41。

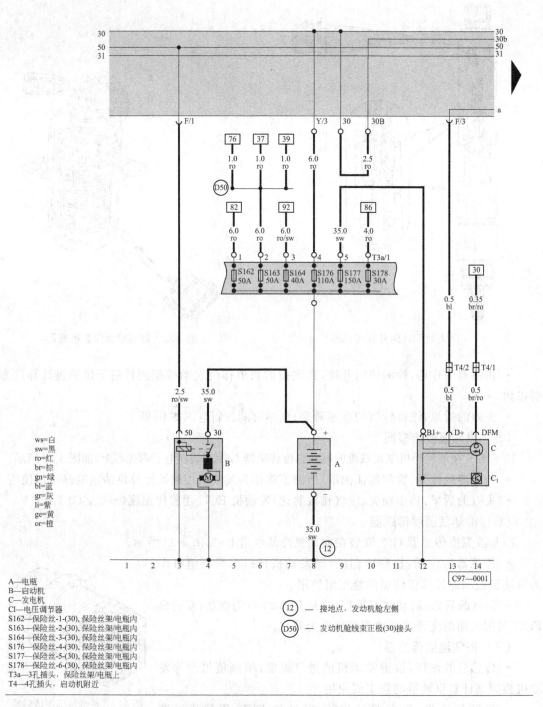

图 4-34　捷达 SDI 柴油发动机电控系统电路图(一)
蓄电池、保险丝、发电机、启动机

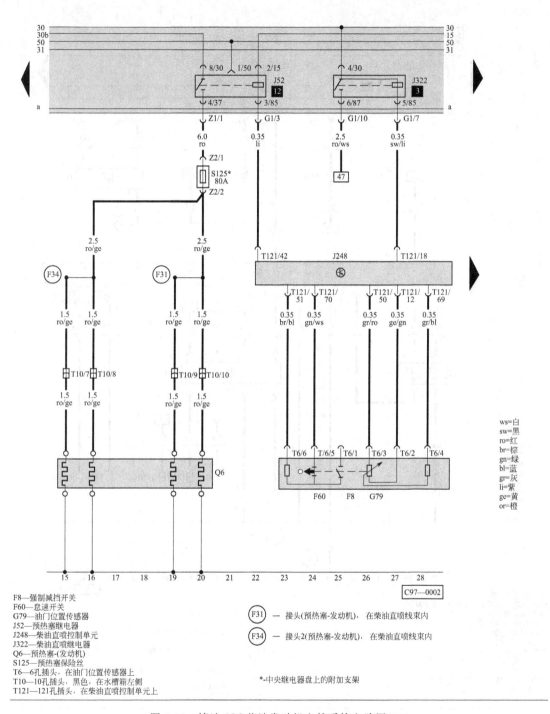

ws=白
sw=黑
ro=红
br=棕
gn=绿
bl=蓝
gr=灰
li=紫
ge=黄
or=橙

F8—强制减挡开关
F60—息速开关
G79—油门位置传感器
J52—预热塞继电器
J248—柴油直喷控制单元
J322—柴油直喷继电器
Q6—预热塞-(发动机)
S125—预热塞保险丝
T6—6孔插头，在油门位置传感器上
T10—10孔插头，黑色，在水槽箱左侧
T121—121孔插头，在柴油直喷控制单元上

(F31) — 接头(预热塞-发动机)，在柴油直喷线束内

(F34) — 接头2(预热塞-发动机)，在柴油直喷线束内

*-中央继电器盘上的附加支架

图 4-35 捷达 SDI 柴油发动机电控系统电路图(二)
柴油直喷控制单元、发动机预热塞、柴油直喷预热器

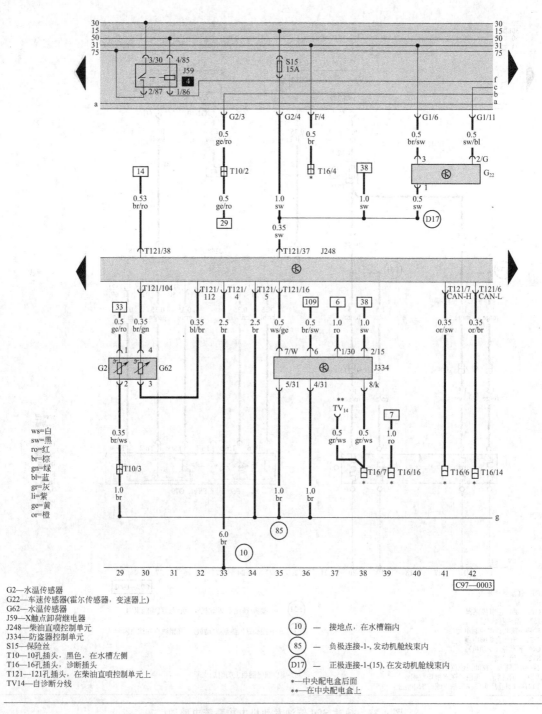

G2—水温传感器
G22—车速传感器(霍尔传感器，变速器上)
G62—水温传感器
J59—X触点卸荷继电器
J248—柴油直喷控制单元
J334—防盗器控制单元
S15—保险丝
T10—10孔插头，黑色，在水槽左侧
T16—16孔插头，诊断插头
T121—121孔插头，在柴油直喷控制单元上
TV14—自诊断分线

ws=白
sw=黑
ro=红
br=棕
gn=绿
bl=蓝
gr=灰
li=紫
ge=黄
or=橙

(10) — 接地点，在水槽箱内

(85) — 负极连接-1，发动机舱线束内

(D17) — 正极连接-1-(15)，在发动机舱线束内

*—中央配电盒后面
**—在中央配电盒上

图 4-36　捷达 SDI 柴油发动机电控系统电路图(三)
柴油直喷控制单元、防盗器控制单元、水温传感器、车速传感器

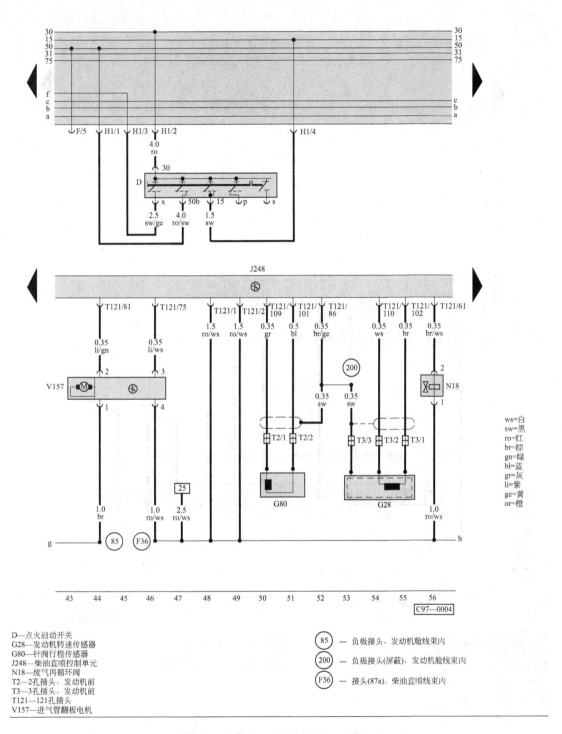

图 4-37 捷达 SDI 柴油发动机电控系统电路图（四）
柴油直喷控制单元、发动机转速传感器、针阀行程传感器、进气管翻板电机、废气再循环阀

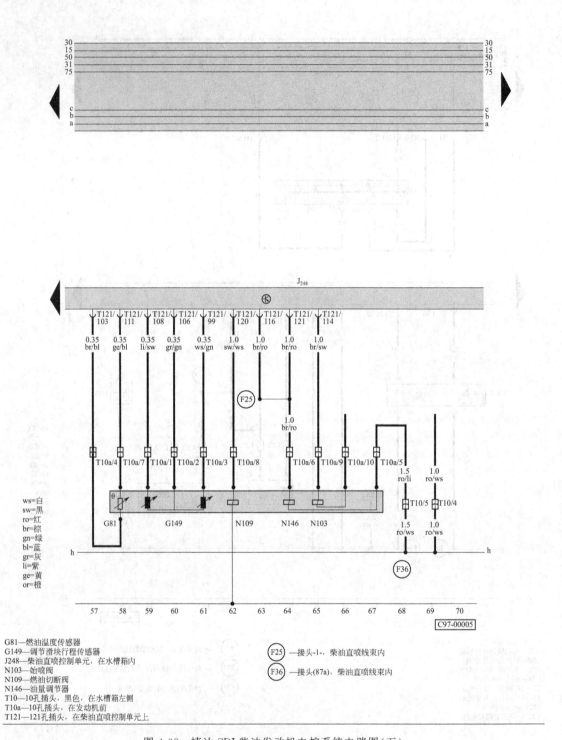

图 4-38　捷达 SDI 柴油发动机电控系统电路图（五）

柴油直喷控制单元、燃油温度传感器、油量调节器、调节滑块行程传感器、始喷阀、燃油切断阀

G81—燃油温度传感器
G149—调节滑块行程传感器
J248—柴油直喷控制单元，在水槽箱内
N103—始喷阀
N109—燃油切断阀
N146—油量调节器
T10—10孔插头，黑色，在水槽箱左侧
T10a—10孔插头，在发动机前
T121—121孔插头，在柴油直喷控制单元上

Ⓕ25 —接头-1-，柴油直喷线束内

Ⓕ36 —接头(87a)，柴油直喷线束内

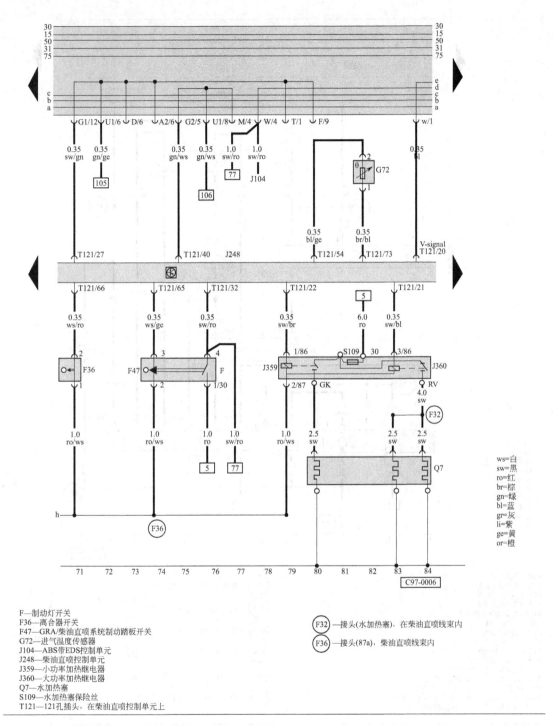

F—制动灯开关
F36—离合器开关
F47—GRA/柴油直喷系统制动踏板开关
G72—进气温度传感器
J104—ABS带EDS控制单元
J248—柴油直喷控制单元
J359—小功率加热继电器
J360—大功率加热继电器
Q7—水加热塞
S109—水加热塞保险丝
T121—121孔插头，在柴油直喷控制单元上

Ⓕ32—接头(水加热塞)，在柴油直喷线束内

Ⓕ36—接头(87a)，柴油直喷线束内

图 4-39　捷达 SDI 柴油发动机电控系统电路图(六)
柴油直喷控制单元、制动灯开关、离合器开关、水加热塞、加热继电器

ws=白
sw=黑
ro=红
br=棕
gn=绿
bl=蓝
gr=灰
li=紫
ge=黄
or=橙

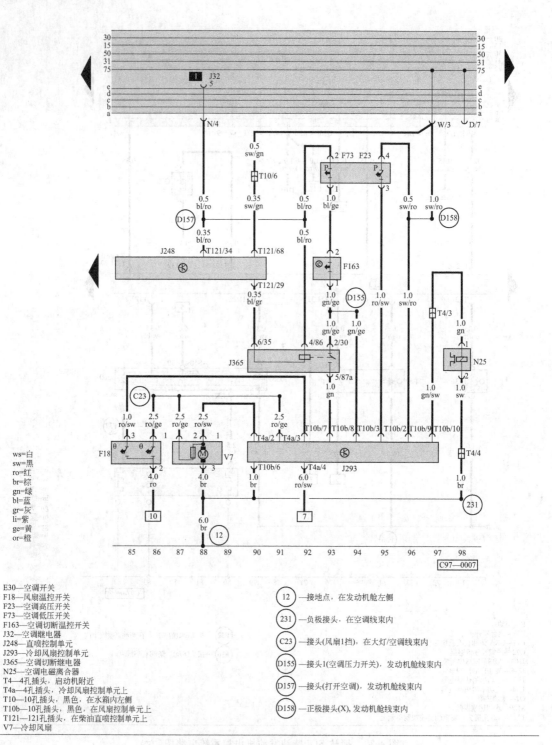

ws=白
sw=黑
ro=红
br=棕
gn=绿
bl=蓝
gr=灰
li=紫
ge=黄
or=橙

E30—空调开关
F18—风扇温控开关
F23—空调高压开关
F73—空调低压开关
F163—空调切断温控开关
J32—空调继电器
J248—直喷控制单元
J293—冷却风扇控制单元
J365—空调切断继电器
N25—空调电磁离合器
T4—4孔插头，启动机附近
T4a—4孔插头，冷却风扇控制单元上
T10—10孔插头，黑色，在水箱内左侧
T10b—10孔插头，黑色，在风扇控制单元上
T121—121孔插头，在柴油直喷控制单元上
V7—冷却风扇

⑫ —接地点，在发动机舱左侧

231 —负极接头，在空调线束内

C23 —接头(风扇1挡)，在大灯/空调线束内

D155 —接头1(空调压力开关)，发动机舱线束内

D157 —接头(打开空调)，发动机舱线束内

D158 —正极接头(X)，发动机舱线束内

图 4-40 捷达 SDI 柴油发动机电控系统电路图（七）

柴油直喷控制单元、空调系统、冷却风扇

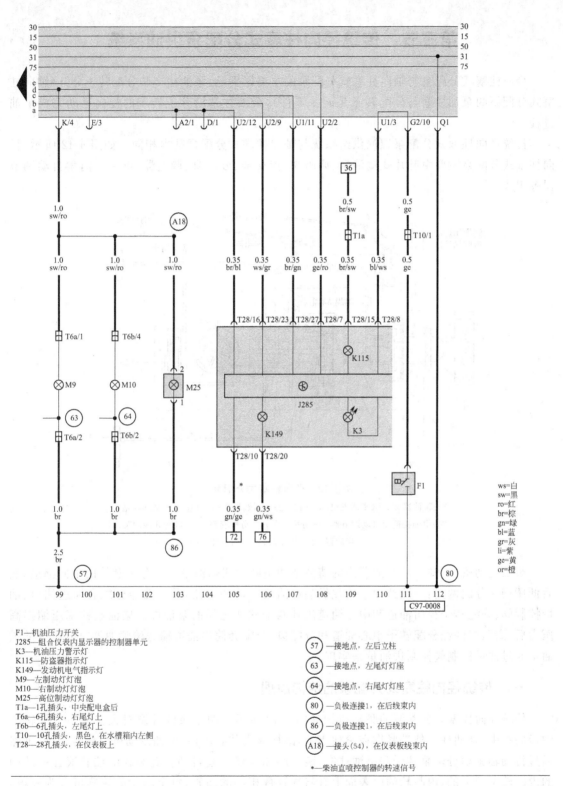

ws=白
sw=黑
ro=红
br=棕
gn=绿
bl=蓝
gr=灰
li=紫
ge=黄
or=橙

F1—机油压力开关
J285—组合仪表内显示器的控制器单元
K3—机油压力警示灯
K115—防盗器指示灯
K149—发动机电气指示灯
M9—左制动灯灯泡
M10—右制动灯灯泡
M25—高位制动灯灯泡
T1a—1孔插头，中央配电盒后
T6a—6孔插头，右尾灯上
T6b—6孔插头，左尾灯上
T10—10孔插头，黑色，在水槽箱内左侧
T28—28孔插头，在仪表板上

57 —接地点，左后立柱

63 —接地点，左尾灯灯座

64 —接地点，右尾灯灯座

80 —负极连接1，在后线束内

86 —负极连接1，在后线束内

A18 —接头(54)，在仪表板线束内

*—柴油直喷控制器的转速信号

图 4-41　捷达 SDI 柴油发动机电控系统电路图(八)
组合仪表、机油压力开关、制动灯灯泡

第三节　传统径向柱塞式分配泵供油系统

径向柱塞式分配泵与轴向柱塞式分配泵的主要区别是:泵油柱塞和分配转子分开(轴向柱塞式分配泵的泵油柱塞与分配转子是同一零件),泵油柱塞沿分配转子的径向运动完成泵油过程。

传统径向柱塞式分配泵燃油供给系统与轴向柱塞式分配泵基本相同。如图 4-42 所示,径向柱塞式分配泵主要由叶片式输油泵、调压阀、传动轴、分配泵、调速器、供油提前角自动调节器等组成。

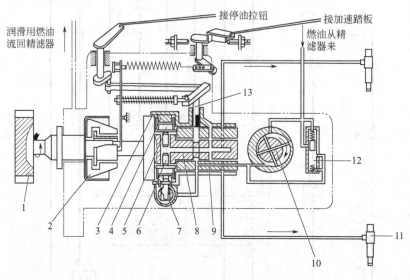

图 4-42　径向柱塞式分配泵

1—联轴器;2—调速器飞块;3—内凸轮;4—滚柱;5—滚柱座;6—泵油柱塞;
7—供油提前角自动调节器;8—分配转子;9—分配套筒;10—叶片式输油泵;
11—喷油器;12—调压阀;13—油量控制阀

柴油发动机工作时,从滤清器来的清洁柴油由叶片式输油泵泵入分配套筒的轴向油道,然后低压柴油分成两路:一路经油道流往供油提前角自动调节器,另一路经分配套筒进油口、油量控制阀、分配转子径向油道和中心油道流到两个柱塞之间的泵油腔。柴油经柱塞压缩提高压力后,高压柴油经分配转子中心油道和分配口、分配套筒出油道输送给喷油器。分配泵的供油量通过油量控制阀控制进油量来实现。

一、 传统径向柱塞式分配泵的结构原理

传统径向柱塞式分配泵的驱动机构如图 4-43 所示。两个泵油柱塞对置安装在分配转子的径向孔中,泵油柱塞外端紧靠在滚柱座上,滚柱座内装有滚柱;柴油发动机工作时,由联轴器通过传动轴驱动分配泵转子和泵油柱塞、滚柱座和滚柱一起转动。套装在滚柱和滚柱座外面的内凸轮是固定的,内凸轮的内表面上有与气缸数相等的凸轮,每个凸轮的轮廓可分为三段:压油段 b、卸压段 c 和吸油段 d,基圆部分为 a。

柴油发动机工作时,分配泵转子、泵油柱塞、滚柱座和滚柱一起在内凸轮中逆时针转动,当

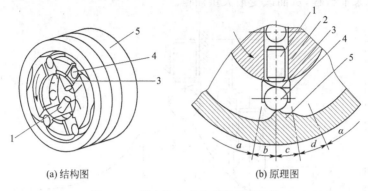

(a) 结构图　　　　(b) 原理图

图 4-43　径向柱塞式分配泵驱动机构

1—泵油柱塞；2—分配转子；3—滚柱座；4—滚柱；5—内凸轮

转到滚柱与内凸轮基圆部分 a 接触时，两个泵油柱塞之间的泵油腔充满柴油。当滚柱转到内凸轮的压油段 b 时，两个对置安装的泵油柱塞被压向分配转子中心，泵油腔内的柴油被压缩，此时分配套筒进油口与分配转子上各径向油道错开，而分配转子的分配口与分配套筒上对应某缸喷油器的出油道接通，泵油腔内被压缩的高压柴油经分配转子中心油道和分配口、分配套筒出油道输送给该缸喷油器[如图 4-44(a) 所示]，滚柱转到内凸轮的压油段最高点时，分配泵供油结束。当滚柱转过内凸轮的压油段最高点进入卸压段 c 后，两个对置安装的泵油柱塞在离心力作用下向外甩开，使泵油腔容积增大，油压迅速降低（即卸压），喷油器针阀迅速落座，分配泵供油停止。当滚柱转到内凸轮的吸油段 d 后，两个泵油柱塞被进一步迅速（吸油段曲面比卸压段曲面陡）甩开，泵油腔产生较大的真空度，此时分配转子的分配口与分配套筒上各出油道错开，而分配套筒进油口与分配转子某一径向油道接通，低压柴油被吸入泵油腔[如图 4-44(b) 所示]。对应分配套筒进油口的分配转子断面上有 4 个径向油道（4 缸柴油发动机），对应分配转子分配口的分配套筒断面上有 4 个出油道（4 缸柴油发动机）。

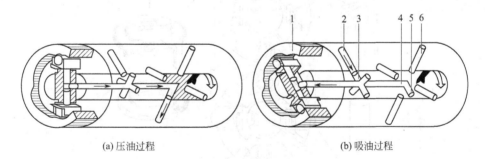

(a) 压油过程　　　　(b) 吸油过程

图 4-44　径向柱塞式分配泵泵油过程

1—内凸轮；2—进油口；3—径向油道；4—中心油道；5—分配口；6—出油道

二、 径向柱塞式分配泵的最大供油量调整

径向柱塞式分配泵的最大供油量调整是通过改变泵油柱塞的行程来实现的，调整原理如图 4-45 所示。滚柱到达凸轮压油段最高点 B 时压油结束，当压油开始点由 A 变为 A' 时，柱塞的压油由 S 变为 S'，由于柱塞的泵油行程变小，所以分配泵的最大供油量减少。径向柱塞式分配泵的供油结束时柱塞的位置是一定的，它取决于内凸轮的最高点，改变供油开始时的位

置即可改变柱塞泵油行程,从而改变最大供油量。

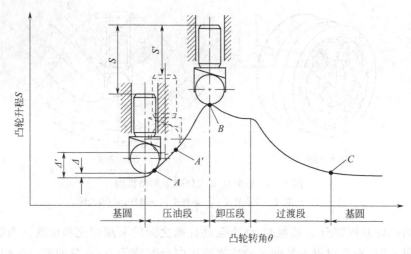

图 4-45 径向柱塞式分配泵最大供油量调整原理

　　径向柱塞式分配泵最大供油量调整机构见图 4-46。滚柱座的两个凸耳嵌装在前、后支架的偏心圆弧槽内,前支架上有两个弧形螺栓孔并通过螺栓与分配转子连接。松开前支架与分配转子的连接螺栓,转动前控制板,即可改变滚柱座在前、后支架偏心圆弧槽内的位置,使滚柱与泵油柱塞一起径向移动;当滚柱和泵油柱塞向内移动时(图 4-46 中上图),滚柱与内凸轮基圆之间的间隙 Δ(见图 4-45)增大,泵油柱塞压油开始点向内凸轮最高点靠近,柱塞泵油行程减小,分配泵最大供油量减少;反之,当滚柱和泵油柱塞向外移动时(图 4-46 中下图),分配泵最大供油量增大。

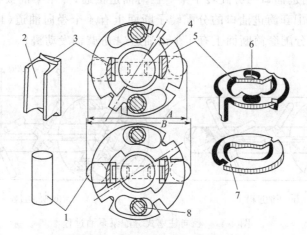

图 4-46 径向柱塞式分配泵最大

供油量调整机构

1—滚柱;2—滚柱座;3—滚柱座凸耳;4—压油柱塞;
5—前支架;6—弧形螺栓孔;7—后支架;8—螺栓

三、 径向柱塞式分配泵的供油量控制

　　在最大供油量调整一定的情况下,径向柱塞式分配泵是利用油量控制阀来控制分配泵供

油量的。油量控制阀安装分配套筒的进油口处,其结构如图 4-47 所示。阀体上的直槽与分配套筒进油口相通,柴油发动机工作时,来自叶片式输油泵的柴油经分配泵套筒和壳体中的油道到达控制阀直槽,再经控制阀直槽和分配套筒进油孔进入分配泵压油腔;转动控制阀,就会改变控制阀直槽与分配泵壳体中油道的相对位置,使分配泵进油通道的流通截面发生变化,从而实现对分配泵供油量的控制。在非电控径向柱塞式分配泵中,由机械调速器根据柴油发动机的负荷和转速的变化,通过拉杆销和连接臂调节控制阀的位置来实现供油量控制。

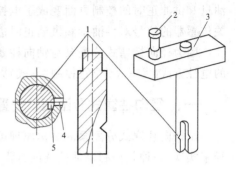

图 4-47 径向柱塞式分配
泵油量控制阀
1—阀体;2—拉杆销;3—连接臂;
4—分配泵壳体油道;5—阀体直槽

油量控制阀体直槽的中部开有小三角形缺口,柴油发动机小负荷工作时,经三角形缺口供给所需的少量柴油,即使阀体在一定范围内转动时,三角形缺口也可保证分配泵进油流通截面不发生急剧变化,有利于柴油发动机小负荷时的运转稳定。

四、 径向柱塞式分配泵的供油提前角控制

供油提前角自动调节机构如图 4-48 所示。与轴向柱塞式分配泵供油提前角自动调节器的结构原理基本相同,自动调节器传动销伸出壳体的一端与分配泵内凸轮螺纹连接,传动销位于调节器壳体内的下端装在正时活塞与弹簧(带弹簧座)之间。柴油发动机工作时,正时活塞一侧来自叶片式输油泵的柴油压力与弹簧力平衡时,传动销和分配泵内凸轮位置不变,供油提前角保持不变;叶片式输油泵输出的柴油压力随柴油发动机转速而变化,当发动机转速升高、油压增大时,正时活塞推动传动销下端移动使弹簧压缩,传动销的上端则带动内凸轮向分配转子转动的相反方向转过一定角度,从而使供油正时提前(即供油提前角增大);当发动机转速降低、油压减小时,调节器内的弹簧推动传动销下端移动,使供油正时延迟(即供油提前角减小)。

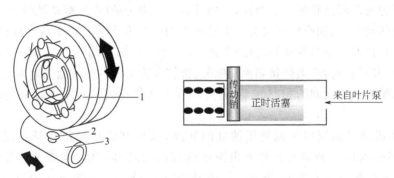

图 4-48 径向柱塞式分配泵供油提前角自动调节机构
1—内凸轮;2—传动销;3—调节器壳体

第四节 电控径向柱塞式分配泵供油系统

电控径向柱塞式分配泵的驱动机构和径向压缩式柱塞泵与传统式分配泵相同,只是在供

油量和供油正时的控制方面变成了电控形式。通过增加 ECU 和各种传感器,ECU 接收各相关传感器的信号对供油量和供油正时进行控制和调节。

因为径向柱塞式分配泵与轴向柱塞式分配泵在结构上的不同,所以在供油量和供油正时的电控方式(尤其是"位置控制"方式)方面两者之间也存在着一定的差别。

一、径向柱塞式分配泵"位置控制"系统

由径向柱塞式分配泵的结构原理可知,径向柱塞式分配泵的供油量控制可以通过两种途径来实现:一种是控制泵油柱塞的行程,另一种是控制进油量。在传统径向柱塞式分配泵基础上,取消油量控制阀,利用电控元件控制泵油柱塞行程即可实现供油量的"位置控制"。而供油正时的"位置控制",可以利用电控元件直接或间接控制分配泵内凸轮相对分配转子的位置来实现。

1. 供油量控制

如图 4-49 所示为实现对泵油柱塞行程的控制,柱塞的外端(伸出分配转子的一端)加工两

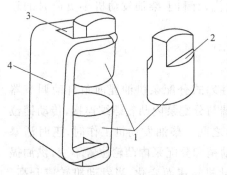

图 4-49 泵油柱塞和座架
1—泵油柱塞;2—柱塞斜面;
3—座架弯臂槽;4—座架

个对称的斜面,并用一个座架限制柱塞运动(只能沿分配转子径向移动而不能转动),座架上开槽的弯臂与柱塞外端具有相同的斜度。由于泵油柱塞安装在分配转子中的压油腔内,所以分配转子和泵油柱塞与座架相对位置(沿分配转子轴向)发生变化时,因泵油柱塞斜面与座架弯臂斜面的配合关系,就会改变泵油柱塞的行程,从而改变分配泵的供油量。改变分配转子与座架的相对位置,可以通过使分配转子轴向移动或使座架轴向移动来实现。

（1）座架轴向位置控制

座架轴向位置控制机构如图 4-50 所示,在驱动分配转子的中部装有端面凸轮和导向管,导向管与端面凸轮接触的一侧为与端面凸轮配合的曲面,导向管轴向是固定的(但随驱动轴转动),因此端面凸轮相对导向管转动时,端面凸轮同时会产生轴向移动。松套在驱动轴上的端面凸轮向右移动时,通过推力圈(用十字轴与驱动轴连接)和推杆(位于中空的驱动轴内)推动柱塞座架向右移动;端面凸轮向左移动时,座架弹簧则推动座架、推杆和推力圈跟随端面凸轮向左移动。

导向管与端面凸轮之间的相对转动,通过步进电动机控制的液压油缸来实现,如图 4-51 所示。

步进电动机通过伺服阀控制液压油缸的油路,以控制液压油缸中活塞的上、下移动,再由液压活塞驱动齿杆和端面凸轮外齿圈使端面凸轮转动,从而实现对座架轴向位置的控制,也就是分配泵柱塞行程或分配泵供油量的"位置控制"。端面凸轮位置传感器用来检测端面凸轮转动的实际位置(反应座架位置或泵油柱塞行程),用以实现分配供油量的闭环控制。

（2）分配转子轴向位置控制

如图 4-52 所示,ECU 通过两个电磁阀控制分配转子尾部油腔内的油压,使分配转子产生轴向移动;当进油电磁阀关闭、回油电磁阀开启时,分配转子在弹簧力的作用下向右移动,由于滚柱座斜面与驱动轴爪形槽斜面的配合关系(与前述柱塞斜面与座架弯臂斜面类似),使泵油

柱塞行程增大,分配泵供油量增加;反之,进油电磁阀开启、回油电磁阀关闭时,分配转子向左移动,泵油柱塞行程减小,分配泵供油量减少。在分配转子的尾部装有转子位置传感器,向ECU提供分配转子实际位置的反馈信号,以便对供油量进行闭环控制。

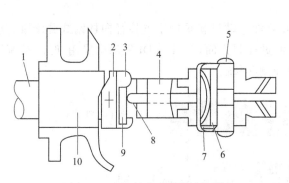

图 4-50　座架轴向位置控制机构

1—驱动轴;2—端面凸轮;3—推力圈;4—驱动轴;

5—泵油柱塞;6—座架;7—座架弹簧;8—推杆;

9—十字轴;10—导向管

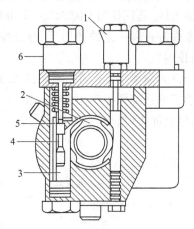

图 4-51　端面凸轮转动位置控制机构

1—端面凸轮位置传感器;2—端面凸轮;

3—液压活塞;4—液压油路;

5—伺服阀;6—步进电动机

2. 供油正时控制

径向柱塞式分配泵供油正时的"位置控制"与轴向柱塞式分配泵基本相同,通过在供油提前角自动调节器的油道中安装电磁阀或步进电动机来实现。

图 4-53 所示为用步进电动机控制的供油提前角调节器。步进电动机通过伺服活塞控制供油提前角调节器的液压油路,进而控制调节器中正时活塞的位置,从而实现径向柱塞式分配泵供油正时的"位置控制"。

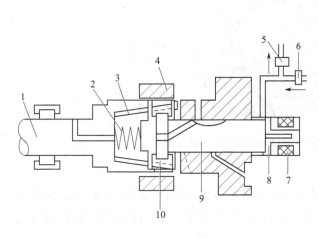

图 4-52　分配转子轴向位置控制

1—驱动轴;2—分配转子回位弹簧;3—驱动轴爪形槽斜面;

4—内凸轮;5—回油电磁阀;6—进油电磁阀;7—转子位置

传感器;8—油腔;9—分配转子;10—滚柱座

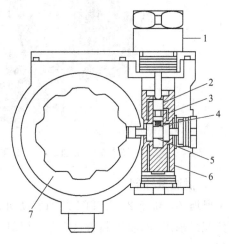

图 4-53　步进电动机控制的供油提前角调节器

1—步进电动机;2—伺服活塞;3—液压油路;

4—弹簧;5—传动销;6—正时活塞;

7—分配泵内凸轮

二、 径向柱塞式分配泵"时间控制"系统

径向柱塞式分配泵"时间控制"系统与轴向柱塞式分配泵"时间控制"系统类似,在分配泵的进油道(也是回油道)中安装一个由 ECU 控制的电磁阀(取代传统的油量控制阀),在保证分配泵柱塞行程一定的前提下,通过控制电磁的开启和关闭时刻,来实现供油量和供油正时的"时间控制"。

一汽大众奥迪 A6 轿车装用的 2.5L TDI 柴油发动机就采用了电控径向柱塞式分配泵,其结构组成分别如图 4-54、图 4-55 所示。在供油量控制方面,2.5L TDI 发动机采用"时间控制"系统,但供油正时仍采用电磁阀控制的"位置控制"系统。

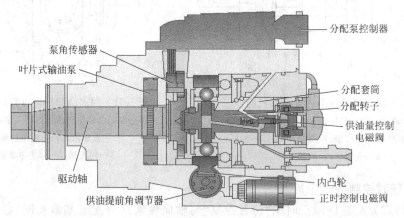

图 4-54　奥迪 A6 2.5L TDI 发动机电控径向柱塞式分配泵(一)

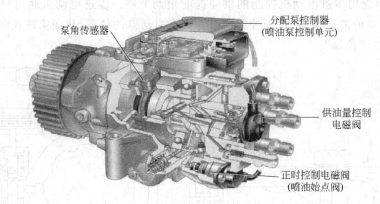

图 4-55　奥迪 A6 2.5L TDI 发动机电控径向柱塞式分配泵(二)

1. 供油量控制

奥迪 A6 轿车 2.5L TDI 柴油发动机径向柱塞式分配泵供油量的"时间控制"与轴向柱塞式分配泵采用"进油控制方式"基本相似,用电磁阀控制进、回油过程,以实现供油量的时间控制。

径向柱塞式分配泵供油量的"时间控制"的工作过程如下。

（1）充油过程

如图 4-56 所示,供油量控制电磁阀打开,燃油从泵的膜片腔进入到压缩腔。

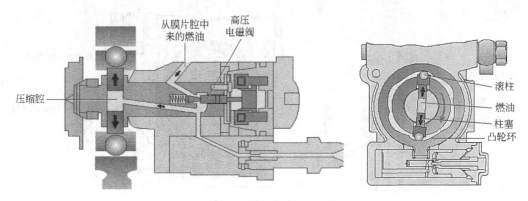

图 4-56　供油量"时间控制"——充油过程

（2）压缩过程

通过驱动轴的转动,滚子运动到凸轮环的凸轮上,同时推动柱塞向内运动,两个柱塞之间的燃油被压缩,如图 4-57 所示。

（3）喷射准备

供油量控制电磁阀在分配泵控制器的控制下关闭进油通道。在电磁阀关闭的情况下,燃油一直处于被压缩状态,并被输送到喷油器,如图 4-58 所示。

（4）喷射

如图 4-59 所示,在分配器套筒上有与各个气缸分别对应的出油孔。分配柱塞和驱动轴一起转动,和分配套筒上的出油孔一起形成压缩腔,并经过喷油器喷射。

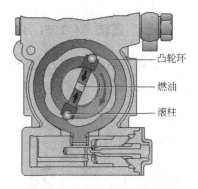

图 4-57　供油量"时间控制"
——压缩过程

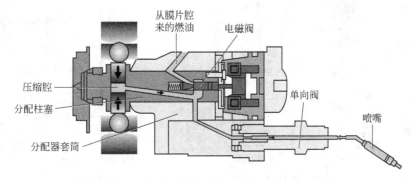

图 4-58　供油量"时间控制"——喷射准备

2. 供油正时控制

奥迪 A6 轿车 2.5L TDI 柴油发动机径向柱塞式分配泵的供油正时控制与前述"位置控制"电控系统基本相同,也是采用电控液压供油提前角自动调节器,只是控制供油提前角调节器油路的是电磁阀,而不是步进电动机。

如图 4-60 所示,正时控制电磁阀控制供油提前角调节器(喷射调节器)中活塞两侧的油压压差,以此改变凸轮环与泵油柱塞之间的转角位置。

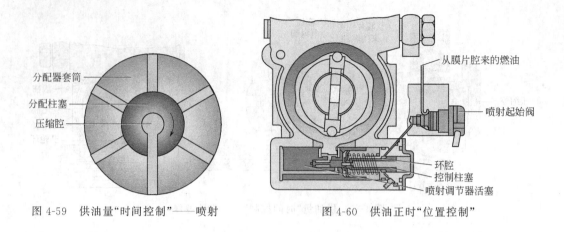

图 4-59　供油量"时间控制"——喷射　　　　图 4-60　供油正时"位置控制"

三、 奥迪 A6 2.5L TDI 柴油发动机电控系统

1. 电控系统的组成及原理

奥迪 A6 2.5L TDI 柴油发动机电控系统的组成如图 4-61 所示。

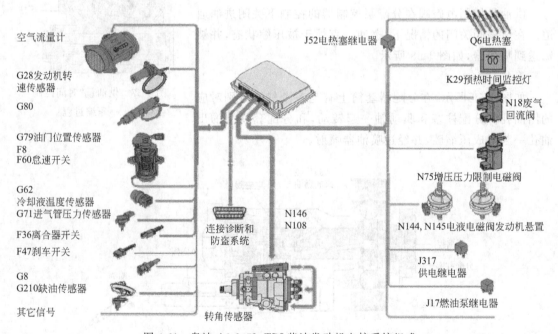

图 4-61　奥迪 A6 2.5L TDI 柴油发动机电控系统组成

如图 4-62 所示为奥迪 A6 2.5L TDI 柴油发动机电控系统的控制原理。发动机控制器 (ECU)主要接收油门踏板位置传感器、发动机机转速传感器、空气流量计、空气温度传感器、冷却液温度传感器等信号,以此来确定供油量和供油正时的目标值,并通过喷射泵控制器将 ECU 输出来的控制信号进行转换放大,然后驱动分配泵中供油量控制电磁阀和供油正时控制电磁阀工作;另外,喷射泵控制器还将安装在分配泵中的泵角传感器(即凸轮轴/曲轴位置传感器)和柴油温度传感器信号经处理后输送给 ECU。

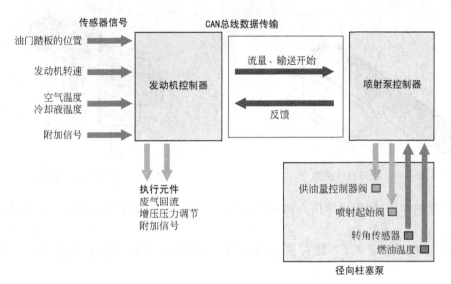

传感器信号　　　　　CAN总线数据传输

油门踏板的位置　→

发动机转速　→　　发动机控制器　　流量、输送开始　→　喷射泵控制器

空气温度
冷却液温度　→　　　　　　　　　←　反馈

附加信号　→

执行元件
废气回流
增压压力调节
附加信号

供油量控制器阀　▪
喷射起始阀　▪
转角传感器　▪
燃油温度　▪

径向柱塞泵

图 4-62　奥迪 A6 2.5L TDI 柴油发动机电控系统控制原理

2. 系统传感器的功用

（1）空气流量计

奥迪 A6 2.5L TDI 柴油电控系统带有回流确定的空气流量计如图 4-63 所示。

· 信号的作用:所测得的数值由发动机控制器用于计算必需的燃油供应量及废气回流量。

· 信号中断的后果:发动机控制器将以一个预先设定的数值计算。

（2）发动机转速传感器

· 信号的作用:也是用于计算供油量的一个因素,上止点信号被用于喷射起始的监控。

· 信号中断的后果:传感器出错时,将使用径向柱塞泵中泵角传感器测得的转速信号替代。

图 4-63　带有回流确定的
空气流量计

（3）针行程传感器

奥迪 A6 2.5L TDI 柴油电控系统的针行程传感器如图 4-64 所示。

· 信号的作用:通过此信号,发动机控制器识别油门被踩踏的程度。

· 信号中断的后果:油门位置传感器的信号中断后,发动机控制器将不能识别油门的位置,发动机将以较高的怠速运转,直至到维修站检修;预热装置报警灯将点亮。

（4）油门位置传感器

· 信号的作用:测得的数值由发动机控制器用于计算必需的供油量和废气回流量。

· 信号中断的后果:发动机控制器将以一个预先设定的数值计算空气流量。

（5）冷却液温度传感器

· 信号的作用:冷却液温度将作为计算供油量的修正值使用。

· 信号中断的后果:如果冷却液温度传感器失灵,发动机控制器设定一个固定值。

（6）进气管压力传感器

奥迪 A6 2.5L TDI 柴油电控系统的进气管压力传感器如图 4-65 所示。

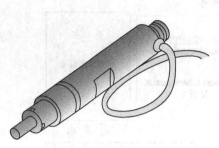

图 4-64　针行程传感器

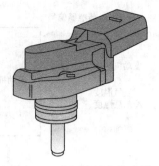

图 4-65　进气管压力传感器

• 信号的作用:如果增压压力和预定值不符,发动机控制器将通过增压压力限定电磁阀进行调整。

• 信号中断的后果:不能再调节增压压力;增压压力限定值保持不变;发动机功率下降。

（7）转角（泵角）传感器

奥迪 A6 2.5L TDI 柴油电控系统的转角(泵角)传感器如图 4-66 所示。

• 信号的作用:传感轮上的六个缺口对应与气缸的顺序是固定的,因此喷射泵控制器可以重新计算每次供油的喷射时间和数量。

• 信号中断的后果:喷射泵控制器不能确定气缸顺序和泵的转速;不再喷射燃油;发动机熄火并不能再启动。

（8）刹车灯开关（刹车踏板开关）

奥迪 A6 2.5L TDI 柴油电控系统的刹车灯开关(刹车踏板开关)如图 4-67 所示。

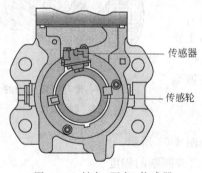

图 4-66　转角(泵角)传感器

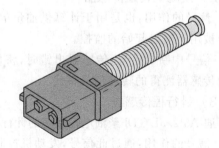

图 4-67　刹车灯开关(刹车踏板开关)

• 信号的作用:两个信号都用于发动机控制器对车辆的监控。

• 信号中断的后果:如果其中一个失灵,发动机控制器将减少供油量,功率下降。

复习思考题

1. 电控轴向柱塞式分配泵"时间控制"系统的供油量控制类型有哪两种?并比较二者间的差异。

2. 采用电控液压供油提前角自动调节器的电控轴向柱塞式分配泵的"位置控制"系统和"时间控制"系统,在供油控制方面有何异同?

3. 一汽大众捷达轿车装用的 1.9L SDI 柴油发动机轴向柱塞式分配泵电控系统采用的是什么控制方式？其中的滑套位置传感器和针阀升程传感器各起何作用？失效后的影响有哪些？

4. 径向柱塞式分配泵电控系统如何控制供油量和供油正时？

第五章 泵喷嘴柴油控制系统

泵喷嘴电控系统是在柴油机传统 P-T 燃油供给系统的基础上发展而来的。

第一节　传统 P-T 燃油供给系统

一、传统 P-T 燃油供给系统的组成

"P"和"T"分别是英语压力（Pressure）和时间（Time）的缩写，P-T 燃油供给系统的主要特点是利用燃油泵的供油压力"P"和喷油器的计量时间"T"相互配合，来控制发动机每循环的供油量。

P-T 燃油供给系统的结构和工作原理与直列柱塞泵和分配泵燃油供给系统有着本质的区别，其基本组成如图 5-1 所示，由主油箱、柴油滤清器、P-T 燃油泵、P-T 喷油器、进油管、回油管等组成。

燃油箱用以储存柴油。燃油滤清器装在油箱与 P-T 燃油泵之间，用以滤除燃油中的杂质，防止 P-T 燃油泵和喷油器发生故障。P-T 燃油泵是一个低压燃油泵，其功用包括输油、调压和调速，即：根据柴油机转速和负荷变化，将适当压力的燃油输送给 P-T 喷油器，以得到所需要的循环供油量，并限制发动机的最高转速，稳定发动机怠速或某一转速。P-T 喷油的功用是对来自 P-T 燃油泵的燃油进行计量和加

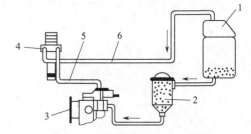

图 5-1　P-T 燃油供给系统的组成
1—油箱；2—柴油滤清器；3—P-T 燃油泵；
4—P-T 喷油器；5—进油管；6—回油管

压后，根据发动机的工作需要定时喷入气缸。进、回油管的功用是分别将燃油自 P-T 燃油泵送往喷油器和将喷油器多余的燃油送回箱。

二、P-T 喷油器的结构原理

P-T 喷油器及其驱动机构如图 5-2 所示。喷油器锥体下部加工有 7 个或 8 个直径为 0.2mm 的喷油孔。发动机工作时，通过驱动凸轮、摆动式挺杆、推杆、摇臂来驱动喷油器柱塞向下运动，完成柴油的加压和喷射；驱动凸轮的凸起部分转过后，喷油器柱塞在回位弹簧作用下上升回位，以便使一定量的柴油进入喷油器，为下次喷射做好准备。

P-T 喷油器的工作原理如图 5-3 所示。图 5-3（a）为喷油器驱动凸轮外形及转角位置，喷油器驱动凸轮轴逆时针旋转，其转速为曲轴转速的 1/2。

喷油器凸轮转到排气上止点位置时，喷油器柱塞在回位弹簧作用下开始上升[图 5-3（b）]，来自 P-T 燃油泵的柴油经喷油器进油口、进油量孔、上进油道、柱塞环槽、下进油

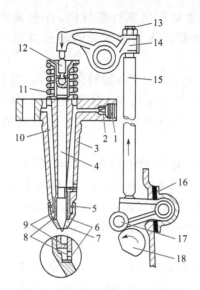

图 5-2　P-T 喷油器及其驱动机构

1—进油口；2—进油量孔；3—喷油器体；4—柱塞；5—O 形密封圈；

6—调整垫片；7—喷油器锥体；8—计量量孔；9—回油量孔；

10—回油道；11—柱塞回位弹簧；12—柱塞杆头；13—调整

螺钉；14—摇臂；15—推杆；16—挺杆调整垫片；

17—滚轮；18—驱动凸轮

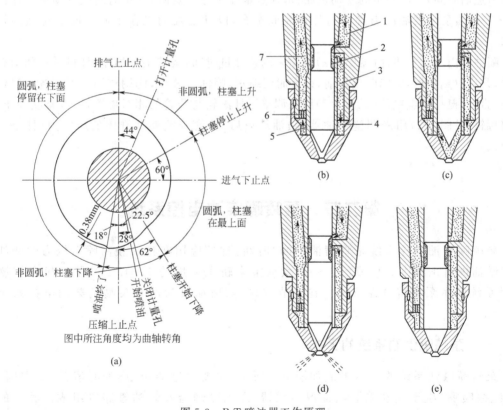

图 5-3　P-T 喷油器工作原理

1—上进油道；2—柱塞环槽；3—下进油道；4—环形油腔；5—计量量孔；6—回油量孔；7—回油道

道进入环形油腔。此时因计量量孔仍被柱塞封闭,环形油腔内的柴油不能经计量量孔流入计量室(柱塞下部与喷油器锥体之间形成的锥形空腔),而是经回油量孔和回油道流回油箱。

当喷油器凸轮转到排气上止点后 44°曲轴转角位置时,随柱塞继续上移,计量量孔逐渐开启,环形油腔内的部分柴油经计量量孔进入计量室[图 5-3(c)],喷油器计量开始,多余的柴油仍流回油箱。此时计量室内的油压较低,且喷油器的喷孔很小,所以柴油不会滴入气缸。

喷油器凸轮转到进气下止点前 60°曲轴转角位置时,柱塞上升到最高点并保持该位置;直到压缩上止点前 62°时,喷油器柱塞又被驱动下行,当柱塞下行到将计量孔关闭的位置(压缩上止点前 28°时),环形油腔内的柴油不再流入计量室,喷油器计量结束。随柱塞继续下行,计量室内的柴油压力迅速升高,直到压缩上止点前 22.5°时,计量室内的柴油经喷孔以雾状喷入燃烧室[图 5-3(d)]。

喷油器凸轮转到顶端位置(压缩上止点后 18°)时,喷油器柱塞下行到极限位置,喷油器喷油结束[图 5-3(e)]。此时柱塞以一定压力与喷油器锥体压紧,以便使计量室内的柴油完全喷出,防止残余柴油形成积炭,影响喷油器正常工作。

柴油机的每一工作循环内,P-T 喷油器都完成一个进油、计量、升压和喷油的全过程。喷油正时由喷油器凸轮轴与曲轴的相对位置来保证。P-T 喷油器每循环的喷油量就是在计量时间内进入计量室的油量,此油量取决于 P-T 燃油泵的供油压力、计量量孔直径和计量时间(即计量室进油时间)。对一定的发动机而言,计量量孔尺寸一定时,计量时间随发动机转速而变化,P-T 燃油泵的供油压力必须与计量时间配合,以满足发动机在不同工况下对燃油量的需求。

喷油器内的调整垫片(见图 5-2)可用来调整计量时间,调整垫片加厚,计量量孔相对柱塞上移,开启时刻推迟,关闭时刻提前,计量时间缩短,喷油量减少,此调整用于保证各缸喷油量的均匀性。挺杆调整垫片(见图 5-2)用来调整挺杆滚轮与凸轮的相对位置,以调整喷油正时。调整螺钉(见图 5-2)用来调整喷油器(喷油结束后)柱塞与喷油器锥体的压紧力(柱塞落座压力)。

第二节　泵喷嘴柴油电控系统

泵喷嘴柴油电控系统是将喷油量的"时间控制"应用在具有较高喷射压力的柴油机 P-T 燃油供给系统中而形成的。一汽大众宝来轿车装用的 1.9L TDI 柴油机电控燃油喷射系统即属泵喷嘴电控系统。在本节中,以该柴油机为例对泵喷嘴柴油电控系统进行介绍。

一、泵喷嘴供油系统的组成

泵喷嘴供油系统的基本组成如图 5-4 所示,主要由燃油箱、燃油滤清器、单向阀、燃油泵、泵喷嘴(位于气缸盖上)、油温传感器、燃油冷却器及燃油管路等组成。其中的单向阀用于在发动机不工作时,防止燃油回流,保持供油系统有一定(0.02MPa)的残余压力,便于再次启动;油温传感器用于检测柴油的温度;燃油冷却器用于对柴油进行必要的散热。

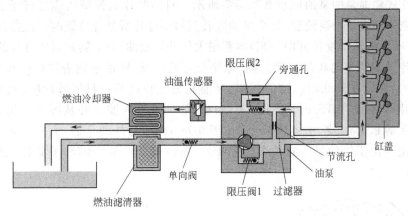

图 5-4　泵喷嘴供油系统的组成

1. 燃油泵

大众宝来轿车 1.9L TDI 柴油机采用的低压燃油泵为封闭叶片式输油泵。如图 5-5 所示，封闭叶片式输油泵与制动系统的助力器真空泵组合成一体的串联泵，安装在气缸盖末端，由发动机凸轮轴驱动。

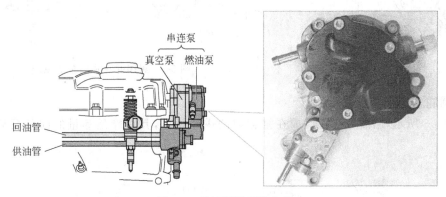

图 5-5　燃油泵及安装位置

如图 5-6 所示，封闭叶片式输油泵主要由封闭叶片、转子、供油道限压阀 1、回油道限压阀 2、过滤器和节流孔等组成。

限压阀 1 安装在输油泵进油口和出油口之间，用来限制输油泵的输出油压，当出油口一侧的压力超过 0.75MPa 时，限压阀打开，部分燃油经限压阀流回进油口一侧。因为所有机械驱动的输油泵，其泵油量均随发动机转速升高而增大，而泵油量过多时，会因出油口一侧压力过高而使输油泵过载，所以机械驱动的输油泵一般都装有限压阀。

限压阀 2 安装在输油泵中的回油道内，用来限制回油道中的油压。只有位于气缸盖内的回油道中油压达到 0.1MPa 时，限压阀 2 才开启允许回油，而回油道中的油压过低时不允许回油。

节流孔位于输油泵内的供油道和回油道之间（见图 5-4），其功用是：将输油泵泵油过程中产生的燃油蒸气经此节流孔排入回油道，同时利用其节流作用减少由供油道直接流入回油道的油量。回油道中限压阀的上部还设有一个旁通阀，即使回油道中的限压阀关闭，回油道内的燃油蒸气也可经旁通阀排出。

封闭叶片式输油泵的泵油原理如图 5-7 所示。封闭叶片被弹簧压靠在转子上,转子有 3 个凸齿与泵壳体形成 3 个泵油腔,每个泵油腔转到封闭叶片所处的位置时,转过封闭叶片的部分(位于封闭叶片的转子旋转方向一侧)容积增大便开始吸油,而未转过封闭叶片的部分(位于封闭叶片的转子旋转方向相反一侧)容积减小便开始压油,输油泵的进油口设在泵油腔吸油的一侧,出油口则设在泵油腔压油的一侧,泵油腔完全转过某一封闭叶片吸满油后,转到另一个封闭叶片时将油全部泵出。在图 5-7(a)中,燃油被吸入腔 1 并从腔 4 泵出。转子的旋转运动使腔 1 容积增加,腔 4 容积减小;在图 5-7(b)中,另外两个腔动作,燃油被吸入腔 3 并从腔 2 泵出。由于输油泵内有两个封闭叶片,所以每个泵油腔随转子旋转一圈都完成两次泵油过程。

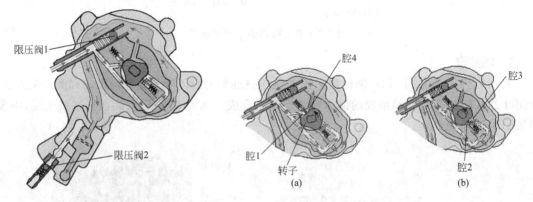

图 5-6　封闭叶片式输油泵的结构　　　　图 5-7　封闭叶片式的泵油原理

2. 燃油分配管

如图 5-8 所示,燃油分配管集成在缸盖内的供油管内,其功能是等量的向各泵喷嘴分配燃油。

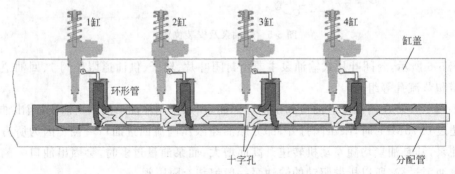

图 5-8　燃油分配管及位置

在燃油分配管中,燃油与受热燃油混合,并被泵喷嘴强制流回供油管,使供油管内流向各缸的燃油温度一致,如图 5-9 所示。所有泵喷嘴被提供相同量的燃油,发动机运转平稳。否则,泵喷嘴的油温将会不同,并且泵喷嘴被提供不同质量的燃油。这将会使发动机运转不平稳并将在头几缸中产生极度高温。

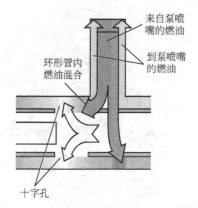

图 5-9　燃油分配管的结构及工作原理

二、 泵喷嘴的结构及工作原理

在泵喷嘴柴油电控系统中,取消了传统 P-T 燃油供给系统中结构复杂的 P-T 燃油泵和 P-T 喷油器的计量装置,但依然保留了传统 P-T 燃油供给系统中利用机械装置驱动喷油器对燃油加压的方式。泵喷嘴一方面受机械凸轮驱动进行燃油加压,另一方面作为电控系统中重要的执行元件,其电磁阀受控于 ECU,以实现对喷油量和喷油正时的调控。

1. 泵喷嘴的安装与驱动

泵喷嘴直接集成在缸盖上,并通过卡块固定在缸盖上,如图 5-10 所示。气缸盖的凸轮轴上配有喷射凸轮来驱动泵喷嘴。通过滚柱式摇臂来驱动泵喷嘴的泵活塞,如图 5-11 所示。

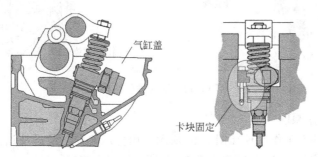

图 5-10　泵喷嘴的安装与固定

2. 泵喷嘴的结构

大众宝来轿车 1.9L TDI 柴油机电控泵喷嘴的结构如图 5-12 所示。

泵喷嘴主要由驱动部分(机构)、压力产生部分(高压泵)、控制部分(控制电磁阀)和喷油嘴四部分组成。

泵喷嘴驱动机构(见图 5-11)包括喷射凸轮、滚柱式摇臂、球销等,其功用是驱动泵喷嘴中的高压泵完成泵油。

高压泵由泵油柱塞和高压腔组成,其功用是产生高压油。

控制电磁阀的功用是控制泵喷嘴的喷油正时和喷油量。

喷油嘴主要由针阀、针阀体、喷嘴弹簧、收缩活塞和针阀缓冲元件等组成,喷油嘴的针阀和针阀体与普通柴油机喷油器相同,收缩活塞和针阀缓冲元件用于控制喷油器的喷油规律。

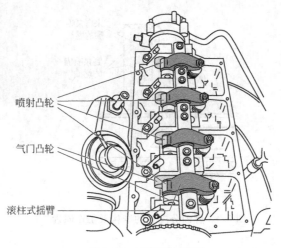

图 5-11　泵喷嘴的驱动

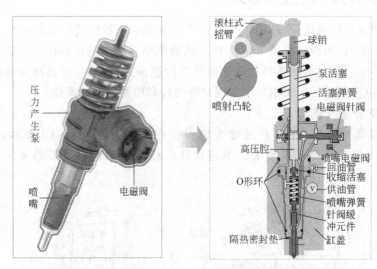

图 5-12　泵喷嘴的结构

3. 泵喷嘴的工作原理

电控泵喷嘴的基本工作原理如图 5-13 所示。由低压输油泵经进油道向喷油器供油,进油通道由高速电磁阀控制;高速电磁阀为常开阀(即断电时开启)。

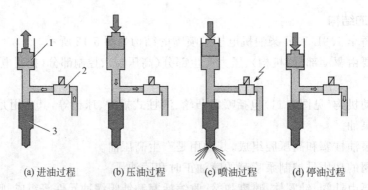

(a) 进油过程　　(b) 压油过程　　(c) 喷油过程　　(d) 停油过程

图 5-13　电控泵喷嘴基本工作原理

1—压油柱塞;2—高速电磁阀;3—喷油嘴

当机械驱动的压油柱塞向上移动时,压油腔内产生真空,低压输油泵输送来的低压柴油被吸入压油腔[图5-13(a)];压油柱塞向下移动的压油初期,由于高速电磁阀仍保持开启,部分柴油被压回低压进油通道[图5-13(b)];当高速电磁阀接受ECU的指令通电时,电磁阀关闭喷油器进油道,随着压油柱塞压油行程的进行,使喷油器内油压迅速升高(喷油压力高达150MPa以上),油压作用在针阀中部的承压锥面上使针阀升起打开喷油孔,喷油器喷油开始[图5-13(c)];ECU控制高速电磁阀断电开启时,喷油器压油腔的柴油回流[图5-13(d)]使油压迅速下降,喷油器喷油结束。高速电磁阀关闭的时刻即是喷油开始时刻,高速电磁阀关闭的持续时间决定了喷油量。

泵喷嘴的工作过程分为三个阶段:进油阶段、预喷射阶段和主喷射阶段。

（1）进油阶段

如图5-14所示,喷射凸轮的凸峰转过之后,泵油柱塞在柱塞弹簧压力作用下向上移动,高压腔内容积增大。此时,高速电磁阀处于初始的开启状态,进油管到高压腔的通道打开,使柴油进入高压腔,为喷射做好准备。

柴油机的动力性、经济性、排放和噪声等与喷油速率和喷油规律有着很大的关系。所谓喷油速率是指喷油器在单位曲轴转角(或单位时间)内的平均喷油量,而喷油规律是指喷油器的喷油速率随曲轴转角(或时间)的变化规律。如果开始喷油速率大,柴油机易工作粗暴,噪声大;如果后期喷油速率小,补燃增加,使得经济性变差;如果平均喷油速率小(喷油时间长),就会造成燃烧速度慢,动力性和经济性都变差。实验表明,柴油机比较理想的喷油规律是"先缓后急并尽量缩短喷油时间"。

为此,大众宝来轿车1.9L TDI柴油机电控泵喷嘴系统,利用收缩活塞将喷射过程分为预喷射(前期喷射)和主喷射(后期喷射)两个阶段,并利用缓冲活塞控制针阀上升时的升程变化,从而保证其具有"先缓后急"的理想喷油规律。

（2）预喷射阶段

如图5-15所示,喷射凸轮通过滚柱式摇臂驱动泵油柱塞向下移动,初期由于高速电磁阀仍未关闭,高压腔内的部分柴油被压回到进油管,直到ECU控制的高速电磁阀通电、高速电磁阀关闭高压腔到进油管的通道为止;然后高压腔内开始产生压力,当压力达到18MPa时,针阀承压锥面上承受的上升力(油压分力)高于喷嘴弹簧力,针阀上升开启喷油孔,预喷射开始。

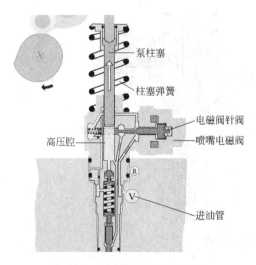

图5-14　电控泵喷嘴进油阶段

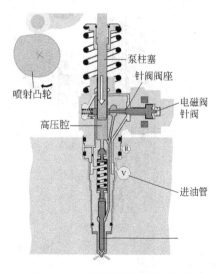

图5-15　电控泵喷嘴预喷射开始

在针阀上升开启喷油孔的过程中,缓冲活塞起到限制针阀上升速度的功用,借以实现理想喷油规律的"先缓"。缓冲活塞作用原理如图 5-16 所示。

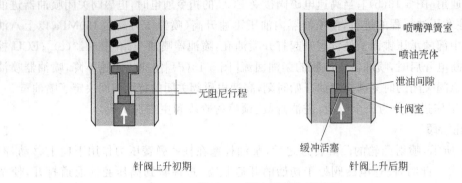

图 5-16　缓冲活塞作用原理

喷油开始前,喷嘴弹簧将缓冲活塞和针阀压至最下端位置,使针阀关闭喷油孔,此时在针阀室上部充满柴油;开始喷油时,针阀和缓冲活塞一起上升,针阀室上部的柴油被压回喷嘴弹簧室,由于缓冲活塞与喷嘴内孔之间泄油间隙的节流作用,使针阀的上升速度受到阻尼,喷油速率的增长平缓。针阀上升初期,泄油间隙足够大、节流作用小,缓冲活塞对针阀上升的"阻尼"作用较小,但当缓冲活塞下部开始进入针阀室与喷嘴弹簧室之间直径较小的内孔时(针阀上升后期),由于泄油间隙减小、节流作用增强,缓冲活塞对针阀上升的"阻尼"作用明显增大,针阀升程增加更缓慢。

预喷射阶段的喷油量很少,时间很短。收缩活塞的功用就是将喷油分成预喷射和主喷射两个阶段,同时限制预喷射时间,提高主喷射时的喷油压力。

收缩活塞作用原理如图 5-17 所示,预喷射开始后,高压腔内的油压作用在收缩活塞上,随着泵油柱塞压油行程的继续进行,高压腔内的油压进一步提高,当达到一定压力时,收缩活塞下移,高压腔内容积增大,使高压腔内的油压瞬间下降,针阀关闭喷油孔,预喷射结束。此外,由于收缩活塞的下移增加了喷嘴弹簧的预紧力,在预喷射后的主喷射阶段,使针阀上升开启喷油孔所需的油压必然比预喷射过程中的油压高。

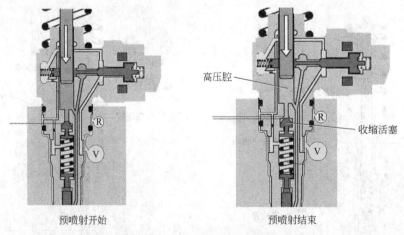

图 5-17　收缩活塞作用原理

（3）主喷射阶段

预喷射结束后，高速电磁阀仍然关闭，随着泵油柱塞继续压油，高压腔内油压立即重新上升，当油压上升到约 30MPa 时，针阀再次上升开启喷油孔，主喷射阶段开始，如图 5-18 所示。在主喷射阶段中，由于喷油孔的节流作用，喷油压力会进一步提高，最高压力可达 205MPa。

当喷油量达到预期控制目标时，ECU 切断高速电磁阀电路，电磁阀开启，高压腔的柴油回流到进油管，压力迅速下降，喷嘴弹簧迅速使针阀关闭喷油孔，同时收缩活塞和缓冲活塞也回到初始位置，主喷射阶段结束。

由泵喷嘴的工作过程可知，高速电磁阀通电时刻即为喷油的开始时刻，其通电时间决定了喷油量。

泵喷嘴除了正常的供油工作过程之外，系统中多余的燃油还必须要经回油管路流回油箱。回油线路如图 5-19 所示。泵喷嘴回油的目的除使多余的柴油经回油管流回燃油箱外，还可以冷却泵喷嘴、排除泵油柱塞处泄出的柴油、通过回油管节流孔分离来自进油管内的气泡。

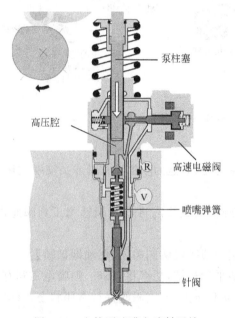

图 5-18　电控泵喷嘴主喷射开始

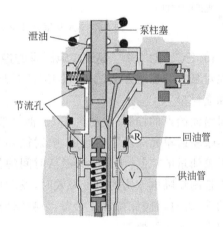

图 5-19　电控泵喷嘴回油

泵喷嘴进油阶段高压腔充满油后，或高速电磁阀关闭进油通道后，来自进油管的柴油全部经回油管流回燃油箱。

三、 大众宝来 1.9L TDI 泵喷嘴柴油电控系统

1. 电控系统的组成及原理

大众宝来 1.9L TDI 发动机泵喷嘴柴油电控系统的组成如图 5-20 所示。在这一系统中，发动机控制装置 ECU（即图中的柴油直接喷射控制单元）一方面通过接收 G40 霍尔传感器（用于判缸）和 G28 发动机转速传感器（提供曲轴转角和发动机转速信号）等相关传感器的信息，发出指令控制泵喷嘴的做动，以实现对泵喷嘴喷油正时（喷油始点）的控制；另一方面，ECU 根据发动机转速、负荷、温度等信息，对泵喷嘴的喷油量进行控制。当然，ECU 也对其它辅助系统（如预热系统等）进行必要的控制和干预。

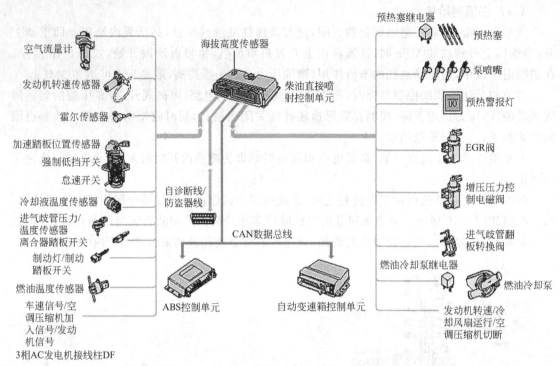

图 5-20　大众宝来 1.9L TDI 泵喷嘴柴油电控系统组成

（1）ECU 对喷嘴（高速）电磁阀的控制

在对泵喷嘴控制方面,发动机 ECU 是通过控制喷嘴（高速）电磁阀来调节泵喷嘴的喷射始点和喷射量。

对喷油始点的控制:发动机 ECU 激活喷嘴电磁阀,电磁线圈将电磁阀针阀压到阀座内,切断至泵喷射单元高压腔的通道,喷射循环开始。

对喷油量的控制:由电磁阀激活时间的长短决定。喷嘴电磁阀关闭,燃油即被喷射。

当控制喷嘴电磁阀的信号失效时,发动机将不能平稳运转,功率将下降。喷嘴电磁阀有双保险功能,若电磁阀保持常开状态,泵喷嘴内无法建立起压力;若电磁阀保持常闭状态,泵喷嘴高压腔内无法充注燃油。

（2）ECU 对喷嘴（高速）电磁阀的监测

发动机 ECU 监控喷嘴电磁阀电流曲线,如图 5-21 所示。此信号作为实际喷油始点的反馈信号传给发动机 ECU,从而调整喷油始点和监控电磁阀是否失效。其工作过程如下:

喷嘴电磁阀动作时,喷射循环开始。磁场被建立起来,电流强度增加,阀关闭。在电磁阀针阀与阀座接触时刻,电流曲线出现一个明显的拐点（BIP 点）。BIP 告诉发动机 ECU 喷嘴电磁阀完全关闭时刻,即喷油始点。

阀关闭时,电流强度下降到一个恒定的保持电流,期望的供油时间结束,动作循环停止,阀打开。

发动机 ECU 识别泵喷嘴阀的实际关闭时间,用于计算下一喷射循环的阀动作时间。若实际喷射始点偏离发动机控制单元中储存的设定值,阀的动作开始时刻被修正。为了检测阀是否失效,发动机控制单元期望的 BIP 范围提供了喷射时刻的边界,阀正常,BIP 位于控制边界内,若出现失效情况,BIP 位于边界之外,喷射开始时刻将依据从特性曲线获取的固定值进行控制,BIP 不能被调节。

从图 5-22 可以看出,喷嘴电磁阀电流曲线与泵喷嘴的柱塞速度、喷嘴压力、针阀升程以及喷射率曲线都有着不同的对应关系,因此,发动机 ECU 监控喷嘴电磁阀的电流曲线,也就监控上述各个参数的状态,这对于改善对泵喷嘴的控制质量和控制精度是很有必要的。

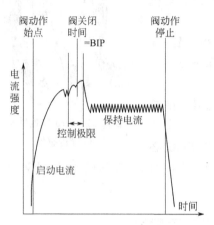

图 5-21　喷嘴电磁阀电流曲线

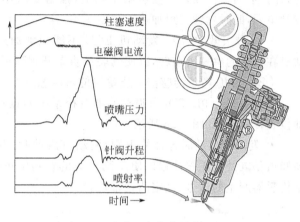

图 5-22　泵喷嘴系统各参数曲线变化图

2. 系统传感器

（1）G70 热膜式空气流量计

大众宝来 1.9L TDI 泵喷嘴柴油电控系统的热膜式空气流量计如图 5-23 所示。

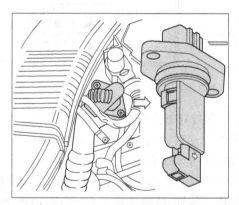
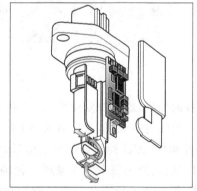

图 5-23　G70 热膜式空气流量计

• 工作原理:保持空气流量计中热电阻的温度恒定。由于流经 G70 的空气流对热电阻冷却作用不同,因此保持热电阻温度恒定所需的电流不同。所以,保持热电阻温度恒定所需的电流值就是吸入空气量的对应值。另外,由于冷空气的冷却作用较强,需要空气温度作为修正系数。带反向空气流量识别的空气流量计用来测定进气量。空气流量计位于进气管内。空气翻板的开关动作在进气管内产生反向气流,带反向空气流量识别的热膜式空气流量计可测定返回的空气流量,修正后将信号传给发动机控制单元,以便精确测量进气量。

• 信号的作用:发动机 ECU 利用该测量值计算喷油量和废气再循环率。

• 信号失效的后果:发动机 ECU 用一个固定值来替代。

（2）G79 加速踏板位置传感器

大众宝来 1.9L TDI 泵喷嘴柴油电控系统的加速踏板位置传感器如图 5-24 所示。

· 加速踏板位置传感器安装在油门踏板上,急速开关和强制低挡开关也集成在传感器内。

· 信号的作用:发动机 ECU 利用这个信号识别加速踏板位置,计算喷油量。在自动变速箱车辆上,强制低挡开关告诉发动机控制单元,此时驾驶员想加速。

· 信号失效的后果:发动机 ECU 不能识别加速踏板位置,发动机在很高的急速下运转,以便驾驶员将车开到附近的服务站。

（3）G40 霍尔传感器（凸轮轴位置传感器）

大众宝来 1.9L TDI 泵喷嘴柴油电控系统的霍尔传感器（凸轮轴位置传感器）如图 5-25 所示。

图 5-24　G79 加速踏板
位置传感器

· 发动机启动时各缸的识别:发动机启动时,发动机 ECU 必须知道哪缸处于压缩冲程以便激励相应的泵喷嘴电磁阀。为此目的,发动机 ECU 计算由霍尔传感器产生的信号,确定凸轮轴位置。

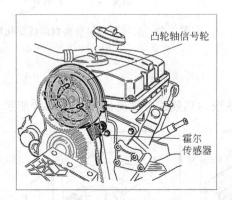

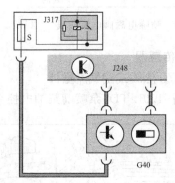

图 5-25　G40 霍尔传感器

· 信号的作用:启动时发动机 ECU 利用霍尔传感器产生的信号识别各缸。

· 信号失效的后果:信号失效时,ECU 利用发动机转速传感器 G28 产生的信号作为替代信号;如果发动机 ECU 检测到不可靠信号,发动机将无法启动。

· 工作过程:因为每个工作循环凸轮轴旋转 360°,在凸轮轴传感器轮上每一缸都有一个凸齿来代表;这些凸齿相距 90°,为了能使凸齿代表各缸,传感器轮上有额外的凸齿来代表 1、2 和 3 缸,相距角度也不同,如图 5-26 所示。凸齿每次经过霍尔传感器时,都会产生一个霍尔

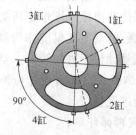

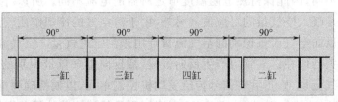

图 5-26　G40 霍尔传感器的工作原理

电压并传送给发动机控制单元。因凸齿相隔间距不同,霍尔电压产生的时间间隔也不同,由此判缸。

（4）G28 发动机转速传感器（曲轴位置传感器）

大众宝来 1.9L TDI 泵喷嘴柴油电控系统的发动机转速传感器如图 5-27 所示。

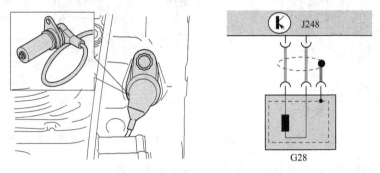

图 5-27　G28 发动机转速传感器

- 信号的作用:发动机转速传感器产生的信号记录发动机转速和确切的曲轴位置。利用此信息,发动机 ECU 计算出喷油始点和喷油量。
- 信号失效的后果:信号失效时,发动机熄火。
- 工作原理:发动机转速传感器监测位于曲轴上的 60-2-2 齿的传感器轮。在其圆周上,有 56 个齿和 2 个双齿距的齿缺,齿缺相距 180°,并作为确定曲轴位置的参考标记。快速启动识别:为了让发动机快速启动,发动机 ECU 计算来自霍尔传感器和发动机转速传感器的信号。发动机 ECU 利用来自霍尔传感器的信号识别各缸。因为曲轴传感器轮上的 2 个齿缺,当曲轴仅转过半圈时,发动机 ECU 就会获得一个相关信号。通过此方式,发动机 ECU 在初期就可识别各相关缸的曲轴位置并控制相应的电磁阀来进行喷射循环,如图 5-28 所示。

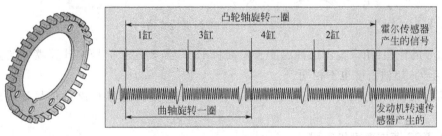

图 5-28　快速启动识别

（5）G62 冷却液温度传感器

大众宝来 1.9L TDI 泵喷嘴柴油电控系统的冷却液温度传感器如图 5-29 所示。

- 信号的作用:发动机 ECU 利用冷却液温度传感器信号修正喷油量。
- 信号失效的后果:发动机 ECU 将利用燃油温度传感器产生的信号修正喷油量。

（6）G71 进气歧管压力传感器/G72 进气温度传感器

大众宝来 1.9L TDI 泵喷嘴柴油电控系统的进气歧管压力传感器和进气温度传感器集成在一起,安装在进气管内,如图 5-30 所示。

- 信号的作用:进气歧管压力传感器提供的信号用于检查增压压力。发动机 ECU 将实际测量值与增压压力脉频图上的设定值进行比较,若实际值偏离设定值,发动机控制单元通过电磁阀调整增压压力,实现增压压力控制。

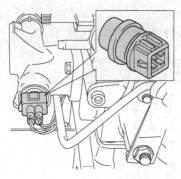

图 5-29　G62 冷却液温度传感器

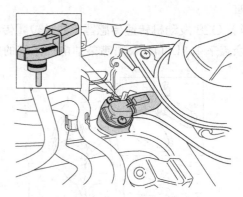

图 5-30　G71 进气歧管压力传感器/G72 进气温度传感器

- 信号失效的后果:不能调节增压压力,发动机功率下降。

（7）G81 燃油温度传感器

大众宝来 1.9L TDI 泵喷嘴柴油电控系统的燃油温度传感器如图 5-31 所示。

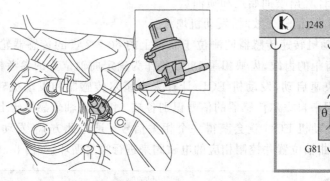

图 5-31　G81 燃油温度传感器

- 信号的作用:用来监测燃油温度。发动机 ECU 需要这个信号来计算喷油始点和喷油量。温度不同,燃油密度也不相同。
- 信号失效的后果:发动机 ECU 利用来自冷却液温度传感器 G62 的信号计算出一个替代值。

（8）F96 海拔高度传感器

大众宝来 1.9L TDI 泵喷嘴柴油电控系统的海拔高度传感器位于发动机 ECU 之中,如图 5-32 所示。

- 信号的作用:该传感器向发动机 ECU 传送一个取决于海拔高度的环境压力。发动机 ECU 利用该信号计算一个增压压力和废气再循环的海拔高度修正值。
- 信号失效的后果:冒黑烟。

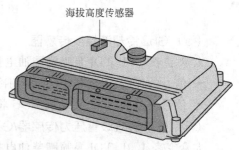

图 5-32　G81 燃油温度传感器

3. 系统电路图

大众宝来 1.9L TDI 泵喷嘴柴油电控系统的电路图参见图 5-33～图 5-45。

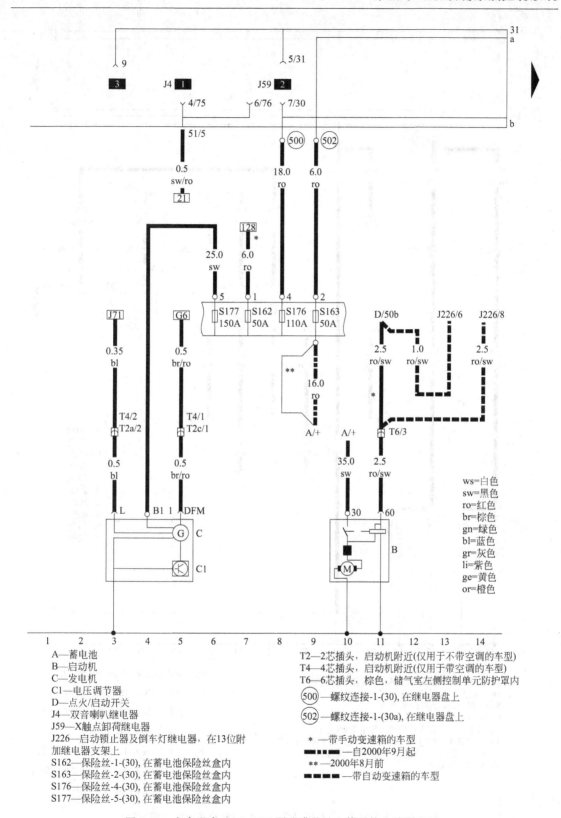

图 5-33 大众宝来 1.9L TDI 泵喷嘴柴油电控系统电路图(一)
蓄电池、保险丝、发电机、启动机

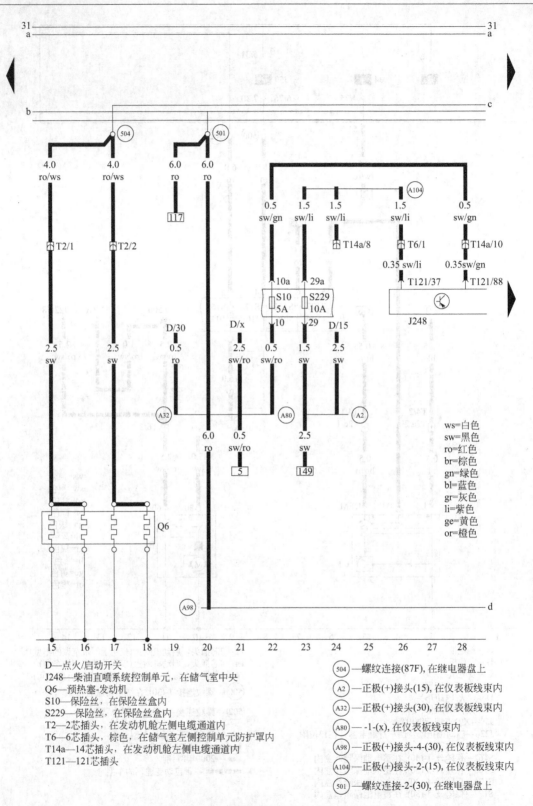

图 5-34　大众宝来 1.9L TDI 泵喷嘴柴油电控系统电路图（二）
柴油直喷系统控制单元、预热塞

D—点火/启动开关
J248—柴油直喷系统控制单元，在储气室中央
Q6—预热塞-发动机
S10—保险丝，在保险丝盒内
S229—保险丝，在保险丝盒内
T2—2芯插头，在发动机舱左侧电缆通道内
T6—6芯插头，棕色，在储气室左侧控制单元防护罩内
T14a—14芯插头，在发动机舱左侧电缆通道内
T121—121芯插头

504 —螺纹连接(87F)，在继电器盘上
A2 —正极(+)接头(15)，在仪表板线束内
A32 —正极(+)接头(30)，在仪表板线束内
A80 —-1-(x)，在仪表板线束内
A98 —正极(+)接头-4-(30)，在仪表板线束内
A104 —正极(+)接头-2-(15)，在仪表板线束内
501 —螺纹连接-2-(30)，在继电器盘上

ws=白色
sw=黑色
ro=红色
br=棕色
gn=绿色
bl=蓝色
gr=灰色
li=紫色
ge=黄色
or=橙色

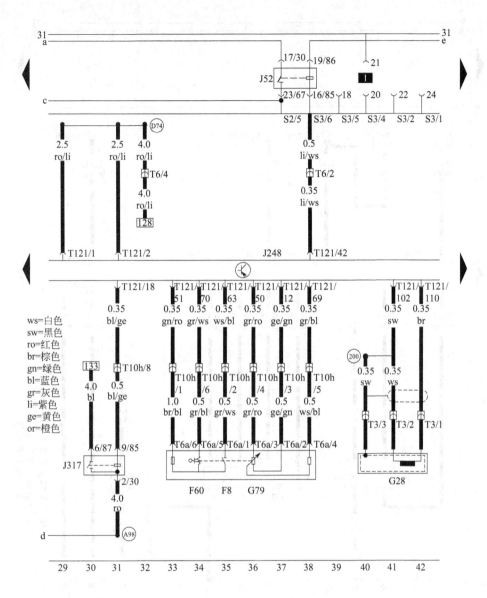

F8—强制降挡开关
F60—怠速开关
G28—发动机转速传感器
G79—油门踏板位置传感器
J52—预热塞继电器
J248—柴油直喷系统控制单元，在储气室中央
J317—端子30电源继电器，在中央电气上
T3—3芯插头，在发动机前端
T6a—6芯插头
T6—6芯插头，棕色，在储气室左侧控制单元防护罩内
T10h—10芯插头，蓝色，在储气室左侧控制单元防护罩内

T121—121芯插头
⑳⓪—接地点(屏蔽)，在发动机舱线束内
Ⓐ98—正极(+)接头-4-(30)，在仪表板线束内
Ⓓ74—接头(86)，在发动机舱线束内

图 5-35　大众宝来 1.9L TDI 泵喷嘴柴油电控系统电路图(三)
柴油直喷系统控制单元、预热继电器、强制降挡开关、怠速开关
发动机转速传感器、油门踏板位置传感器、端子 30 电源继电器

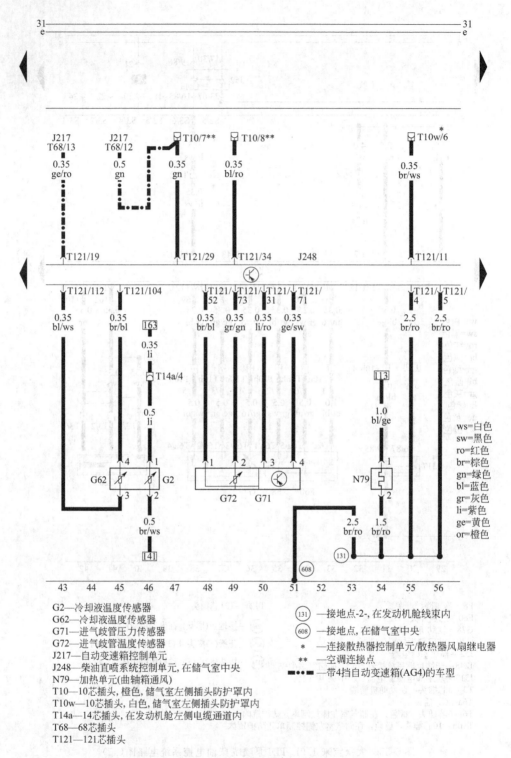

图 5-36　大众宝来 1.9L TDI 泵喷嘴柴油电控系统电路图（四）

柴油直喷系统控制单元、冷却液温度传感器、进气歧管温度传感器

进气歧管压力传感器、加热单元（曲轴箱通风）

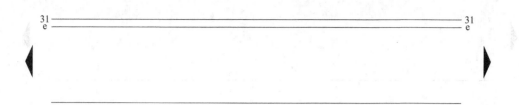

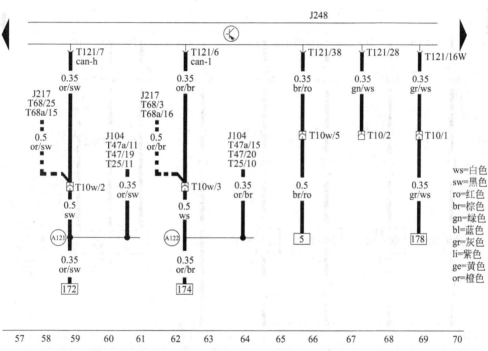

J104—ABS及带EDS的ABS控制单元
J217—自动变速箱控制单元
J248—柴油直喷系统控制单元,在储气室中央
T10—10芯插头,橙色,储气室左侧插头防护罩内
T10w—10芯插头,白色,储气室左侧插头防护罩内
T25—25芯插头,在ABS及带EDS的ABS控制单元上
T47—47芯插头,带EDS/ASR/ESP的ABS控制单元
(2000年7月以前)
T47a—47芯插头,ABS及带EDS/ASR/ESP的ABS控制
单元(自2000年8月起)

T68—68芯插头,配备4挡自动变速箱(AG4)的车型
T68a—68芯插头,配备5挡自动变速箱(AG5)的车型
T121—121芯插头
A121—连接点(high bus),在仪表板线束内
A122—连接点(low bus),在仪表板线束内
■-■-■—配备自动变速箱的车型

图 5-37　大众宝来 1.9L TDI 泵喷嘴柴油电控系统电路图(五)
柴油直喷系统控制单元

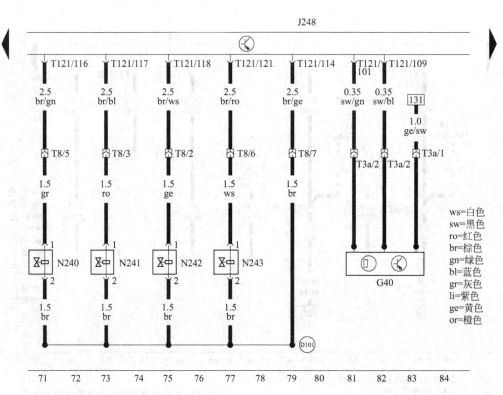

G40—霍尔传感器(凸轮轴定位)
J248—柴油直喷系统控制单元,在储气室中央
N240—泵喷嘴电磁阀,1缸
N241—泵喷嘴电磁阀,2缸
N242—泵喷嘴电磁阀,3缸
N243—泵喷嘴电磁阀,4缸
T3a—3芯插头,在发动机前端
T8—8芯插头,在发动机舱左侧
T121—121芯插头
(D101)-连接点-1-,在发动机舱线束内

图5-38　大众宝来1.9L TDI泵喷嘴柴油电控系统电路图(六)
柴油直喷系统控制单元、霍尔传感器、泵喷嘴电磁阀

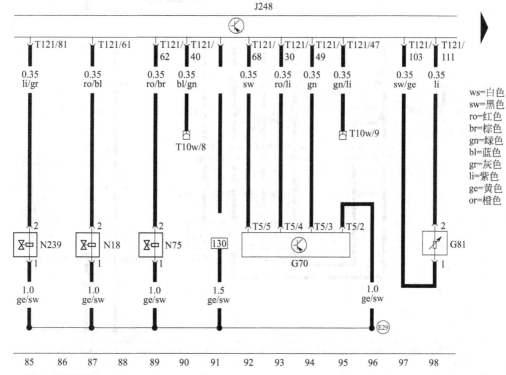

G70—空气流量计
G81—燃油温度传感器
J248—柴油直喷系统控制单元,在储气室中央
N18—废气再循环阀
N75—增压压力调节电磁阀
N239—进气歧管阀瓣转换阀
T5—5芯插头
T10w—10芯插头,白色,在储气室左侧插头防护罩内
T121—121芯插头
(E29)-连接点,在发动机舱线束内

图 5-39 大众宝来 1.9L TDI 泵喷嘴柴油电控系统电路图(七)
柴油直喷系统控制单元、空气流量计、燃油温度传感器、废气再循环阀
增压压力调节电磁阀、进气歧管阀瓣转换阀

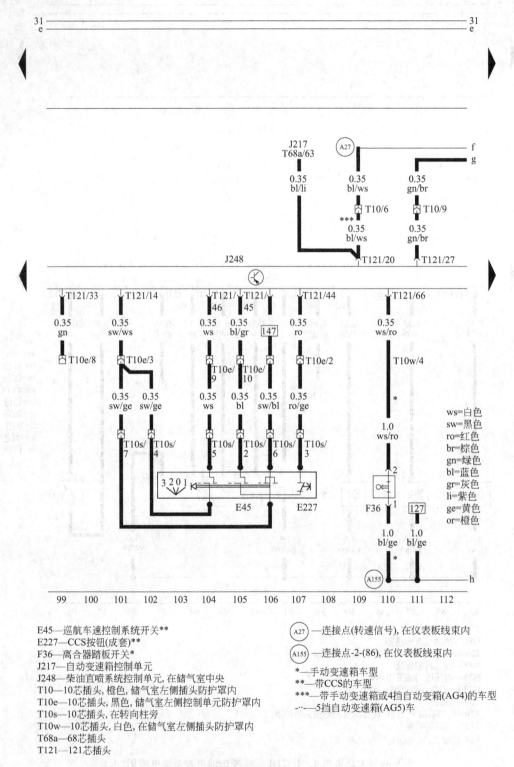

图 5-40　大众宝来 1.9L TDI 泵喷嘴柴油电控系统电路图（八）
柴油直喷系统控制单元、离合器踏板开关、巡航控制开关

E45—巡航车速控制系统开关**
E227—CCS按钮(成套)**
F36—离合器踏板开关*
J217—自动变速箱控制单元
J248—柴油直喷系统控制单元，在储气室中央
T10—10芯插头，橙色，储气室左侧插头防护罩内
T10e—10芯插头，黑色，储气室左侧控制单元防护罩内
T10s—10芯插头，在转向柱旁
T10w—10芯插头，白色，在储气室左侧插头防护罩内
T68a—68芯插头
T121—121芯插头

A27 —连接点(转速信号)，在仪表板线束内

A155 —连接点-2-(86)，在仪表板线束内

*—手动变速箱车型
**—带CCS的车型
***—带手动变速箱或4挡自动变箱(AG4)的车型
-··—5挡自动变速箱(AG5)车

ws=白色
sw=黑色
ro=红色
br=棕色
gn=绿色
bl=蓝色
gr=灰色
li=紫色
ge=黄色
or=橙色

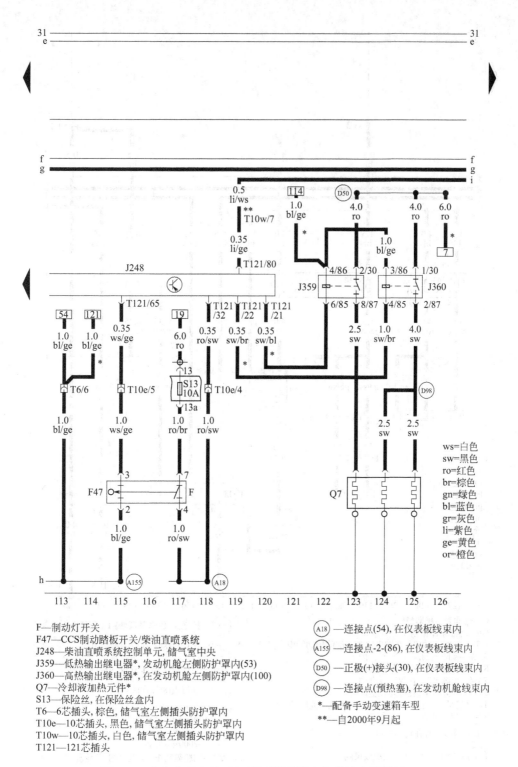

图 5-41 大众宝来 1.9L TDI 泵喷嘴柴油电控系统电路图(九)

柴油直喷系统控制单元、制动灯开关、CCS 制动踏板开关

冷却液加热元件、高/低热输出继电器

F—制动灯开关
F47—CCS制动踏板开关/柴油直喷系统
J248—柴油直喷系统控制单元,储气室中央
J359—低热输出继电器*,发动机舱左侧防护罩内(53)
J360—高热输出继电器*,在发动机舱左侧防护罩内(100)
Q7—冷却液加热元件*
S13—保险丝,在保险丝盒内
T6—6芯插头,棕色,储气室左侧插头防护罩内
T10e—10芯插头,黑色,储气室左侧插头防护罩内
T10w—10芯插头,白色,储气室左侧插头防护罩内
T121—121芯插头

A18—连接点(54),在仪表板线束内
A155—连接点-2-(86),在仪表板线束内
D50—正极(+)接头(30),在仪表板线束内
D98—连接点(预热塞),在发动机舱线束内
*—配备手动变速箱车型
**—自2000年9月起

ws=白色
sw=黑色
ro=红色
br=棕色
gn=绿色
bl=蓝色
gr=灰色
li=紫色
ge=黄色
or=橙色

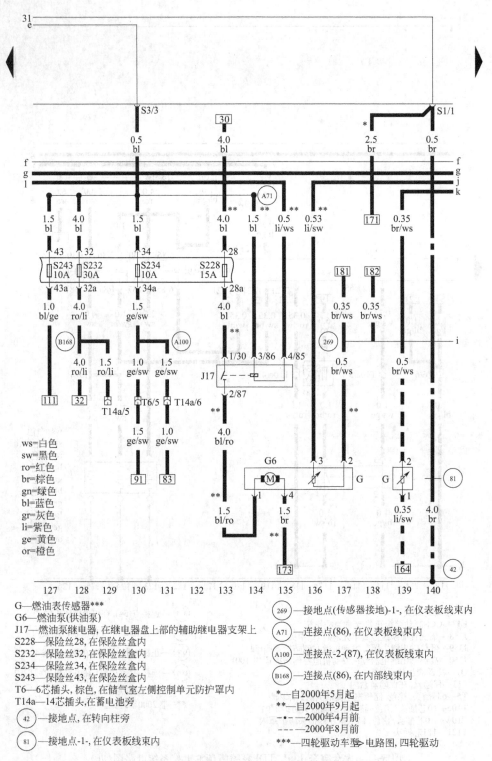

图 5-42　大众宝来 1.9L TDI 泵喷嘴柴油电控系统电路图（十）
燃油表传感器、燃油泵、燃油泵继电器

G—燃油表传感器***
G6—燃油泵（供油泵）
J17—燃油泵继电器，在继电器盘上部的辅助继电器支架上
S228—保险丝28，在保险丝盒内
S232—保险丝32，在保险丝盒内
S234—保险丝34，在保险丝盒内
S243—保险丝43，在保险丝盒内
T6—6芯插头，棕色，在储气室左侧控制单元防护罩内
T14a—14芯插头，在蓄电池旁
㊷—接地点，在转向柱旁
⑧¹—接地点-1-，在仪表板线束内

269—接地点(传感器接地)-1-，在仪表板线束内
A71—连接点(86)，在仪表板线束内
A100—连接点-2-(87)，在仪表板线束内
B168—连接点(86)，在内部线束内

*—自2000年5月起
**—自2000年9月起
—·—·—2000年4月前
— — — —2000年8月前
***—四轮驱动车型▷电路图，四轮驱动

ws=白色
sw=黑色
ro=红色
br=棕色
gn=绿色
bl=蓝色
gr=灰色
li=紫色
ge=黄色
or=橙色

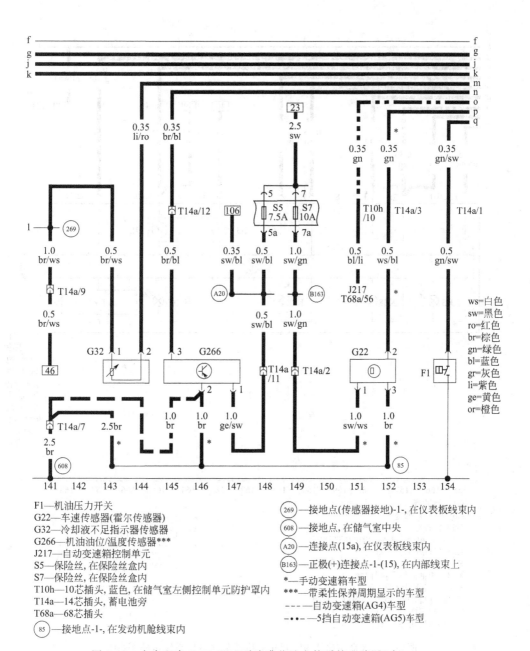

图 5-43　大众宝来 1.9L TDI 泵喷嘴柴油电控系统电路图(十一)

机油压力开关、机油油位/温度传感器、车速传感器、冷却液不足指示传感器

F1—机油压力开关
G22—车速传感器(霍尔传感器)
G32—冷却液不足指示器传感器
G266—机油油位/温度传感器***
J217—自动变速箱控制单元
S5—保险丝,在保险丝盒内
S7—保险丝,在保险丝盒内
T10h—10芯插头,蓝色,在储气室左侧控制单元防护罩内
T14a—14芯插头,蓄电池旁
T68a—68芯插头
⑧⑤—接地点-1-,在发动机舱线束内

②⑥⑨—接地点(传感器接地)-1-,在仪表板线束内
⑥⓪⑧—接地点,在储气室中央
Ⓐ²⁰—连接点(15a),在仪表板线束内
Ⓑ¹⁶³—正极(+)连接点-1-(15),在内部线束上
*—手动变速箱车型
***—带柔性保养周期显示的车型
————自动变速箱(AG4)车型
—•—5挡自动变速箱(AG5)车型

ws=白色
sw=黑色
ro=红色
br=棕色
gn=绿色
bl=蓝色
gr=灰色
li=紫色
ge=黄色
or=橙色

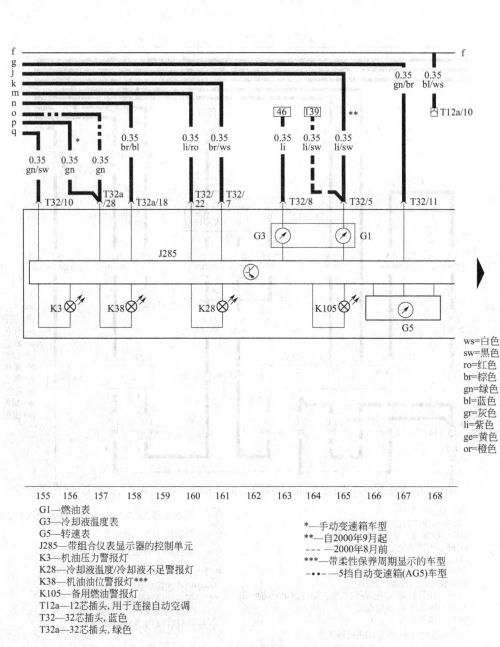

ws=白色
sw=黑色
ro=红色
br=棕色
gn=绿色
bl=蓝色
gr=灰色
li=紫色
ge=黄色
or=橙色

G1—燃油表
G3—冷却液温度表
G5—转速表
J285—带组合仪表显示器的控制单元
K3—机油压力警报灯
K28—冷却液温度/冷却液不足警报灯
K38—机油油位警报灯***
K105—备用燃油警报灯
T12a—12芯插头,用于连接自动空调
T32—32芯插头,蓝色
T32a—32芯插头,绿色

*—手动变速箱车型
**—自2000年9月起
- - - —2000年8月前
***—带柔性保养周期显示的车型
-·-·-—5挡自动变速箱(AG5)车型

图 5-44　大众宝来 1.9L TDI 泵喷嘴柴油电控系统电路图(十二)
燃油表、冷却液温度表、转速表、报警灯电路

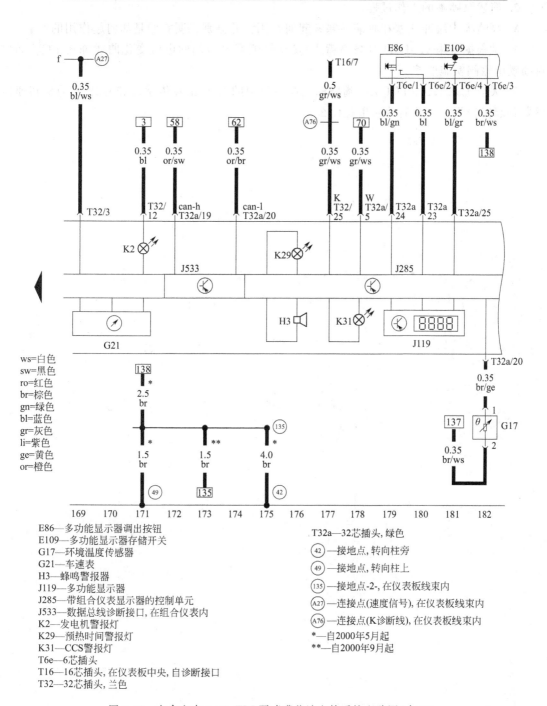

ws=白色
sw=黑色
ro=红色
br=棕色
gn=绿色
bl=蓝色
gr=灰色
li=紫色
ge=黄色
or=橙色

E86—多功能显示器调出按钮
E109—多功能显示器存储开关
G17—环境温度传感器
G21—车速表
H3—蜂鸣警报器
J119—多功能显示器
J285—带组合仪表显示器的控制单元
J533—数据总线诊断接口, 在组合仪表内
K2—发电机警报灯
K29—预热时间警报灯
K31—CCS警报灯
T6e—6芯插头
T16—16芯插头, 在仪表板中央, 自诊断接口
T32—32芯插头, 兰色

T32a—32芯插头, 绿色
㊷—接地点, 转向柱旁
㊾—接地点, 转向柱上
⑬⑤—接地点-2-, 在仪表板线束内
Ⓐ27—连接点(速度信号), 在仪表板线束内
Ⓐ76—连接点(K诊断线), 在仪表板线束内
*—自2000年5月起
**—自2000年9月起

图 5-45　大众宝来 1.9L TDI 泵喷嘴柴油电控系统电路图(十三)
多功能显示器、车速表、诊断接口、报警灯电路

复习思考题

1. 在泵喷嘴系统的燃油分配管中设置环形管和十字孔的目的是什么？

2. 简述泵喷嘴的工作过程。

3. 泵喷嘴中缓冲活塞和收缩活塞各起何作用？并分别说明它们是如何起作用的？

4. 试根据宝来 1.9L TDI(泵喷嘴式)发动机喷嘴电磁阀的电流变化曲线陈述 ECU 如何对喷嘴电磁阀实施监控。

5. 大众宝来 1.9L TDI 泵喷嘴柴油电控系统中的 G40 霍尔传感器和 G28 发动机转速传感器各起何作用？失效后的后果是什么？

第六章 单体泵柴油控制系统

单体泵电控系统是在泵喷嘴的基础上衍生出来的，除了压力较泵喷嘴稍低一点外，其它功能基本和泵喷嘴相近，在货车、客车等大功率的中、低速柴油机上应用较普遍。

单体泵是指一个气缸对应配置一个高压油泵，如图6-1所示，在该技术开发的早期，每个单体泵都相互独立分别安装在发动机气缸体上，由发动机配气凸轮轴上的喷射凸轮来驱动。整个系统主要由带有出油控制阀的单体泵、机械喷油器、高低压燃油管路、滤清器和电控单元、传感器等机械、液压和电控三大部分构成。

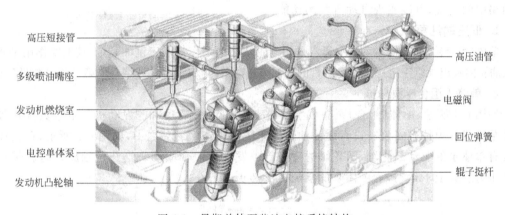

图 6-1　早期单体泵柴油电控系统结构

随着对排放要求的日益严格，过去广泛使用的传统机械喷油泵式柴油发动机由于受到其技术瓶颈的制约，已经无法满足排放法规的要求，在动力性、燃油经济性和噪声特性等方面也不能满足用户日益提高的期望。为解决这一问题，单体泵电控技术进行了二次结构改进，把先前将单体泵安装在发动机缸体上由发动机凸轮轴直接驱动的结构形式，更改为一个相对独立的单体泵总成，也称单体组合泵，如图6-2所示。这样，无需对原有的柴油发动机做大的改动就可以将其改造为具备单体泵柴油电控系统的柴油发动机了。

图 6-2　单体组合泵式柴油发动机

单体组合泵柴油电控系统不仅可以应用于中重型汽车，也可以用于轻型商用汽车，应用空间十分宽广，也是目前单体泵应用领域的主流技术，因此，本书以单体组合泵为重点进行单体泵柴油电控技术的介绍。

一、单体(组合)泵供油系统的组成

同直列柱塞泵柴油供给系统的布置形式很类似,单体(组合)泵柴油供给系统也是主要由油箱、低压输油泵、燃油滤清器、单体(组合)泵总成、喷油器和进回燃油管路等组成,如图 6-3 所示,柴油通过低压输油泵提供给单体(组合)泵总成,经过单体泵加压,柴油会通过很短的高压油管进入到喷油器,当柴油达到 200～250MPa 的高压时,喷油器开启,将高压柴油呈雾状喷入到燃烧室,与空气混合而形成可燃混合气,这非常有利于提高柴油发动机的动力性、经济性和排放性。

由于输油泵的供油量比单体泵的出油量大 10 倍以上,大量多余的燃油经限压阀和回油管流回燃油箱,并且利用大量回流燃油驱净油路中的空气,可以实现自动排气的功能。

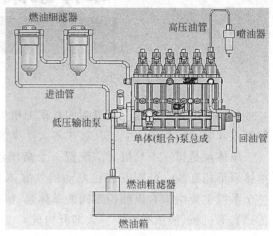

图 6-3　单体(组合)泵柴油供给系统

1. 低压输油泵

单体(组合)泵柴油供给系统中通常采用齿轮式输油泵作为低压供油装置,其主要作用是将柴油从油箱内吸出并以一定压力将足够量的柴油输送给单体泵总成,具体结构见第七章中的图 7-3。

2. 单体（组合）泵总成

如图 6-4 所示,单体(组合)泵总成主要由壳体、驱动凸轮轴和与发动机气缸数数量相等的单体泵组成。单体泵安装在设有燃油油道的单体泵壳体(泵腔)之中,如图 6-5 所示,在壳体下端装有单体泵的驱动凸轮轴,凸轮轴通过齿轮由发动机曲轴驱动。当凸轮轴旋转时就带动单体泵压力装置上下运动,为单体泵的泵油提供必要的条件。

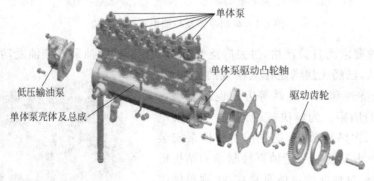

图 6-4　单体(组合)泵总成

3. 单体泵

（1）普通电控单体泵

普通电控单体泵主要由 ECU 控制的二位二通电磁阀和机械液压组件构成,其结构如图 6-6 所示。电磁阀安装在单体泵的出油端,由电磁线圈、弹簧、衔铁、控制阀芯和阀套等组成,用以控制其回油通道。单体泵的机械液压组件则主要包括柱塞、柱塞套、柱塞弹簧、弹簧座、挺柱总成、泵腔以及内部油道等部件和结构。单体泵内部的油道分为低压油道和高压油道两个部分,分别如图 6-7 和图 6-8 所示。

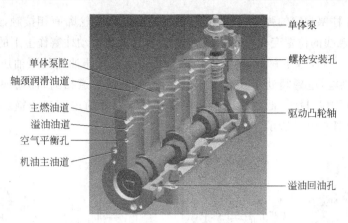

单体泵

螺栓安装孔

单体泵腔

轴颈润滑油道

主燃油道

驱动凸轮轴

溢油油道

空气平衡孔

机油主油道

溢油回油孔

图 6-5　单体(组合)泵壳体和油道

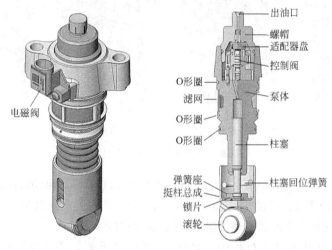

出油口

螺帽

适配器盘

控制阀

O形圈

滤网

泵体

O形圈

O形圈

柱塞

电磁阀

弹簧座

挺柱总成

锁片

滚轮

柱塞回位弹簧

图 6-6　普通电控单体泵结构

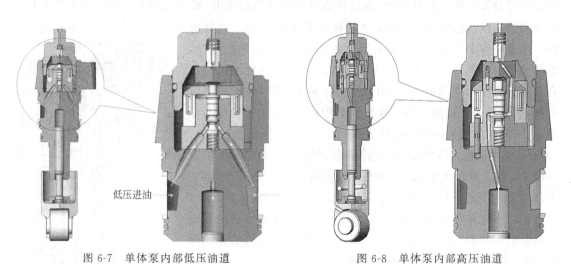

低压进油

图 6-7　单体泵内部低压油道

图 6-8　单体泵内部高压油道

普通电控单体泵的工作原理如下：

发动机工作时,曲轴通过齿轮带动单体(组合)泵的驱动凸轮轴运转,单体泵底端的挺柱总成

(或柱塞弹簧座)在柱塞弹簧的弹簧力作用下,始终与凸轮轴的轮廓面相接触,这样,当凸轮轴旋转时,随着凸轮轮廓线的位置变化,单体泵底端的挺柱总成将推动柱塞作上下的往复运动。

① 吸油过程　当柱塞下移时,喷射系统内部压力低于低压油路的泵油压力,此时 ECU 未给单体泵电磁阀供电,电磁阀处于开启状态,泵油腔与低压油道相通,而通向出油阀的高压油道被电磁阀的控制阀芯封闭,低压系统燃油将通过泵体上方的进油口和横斜油道被吸入柱塞顶端的泵油腔,如图 6-9(a)所示。

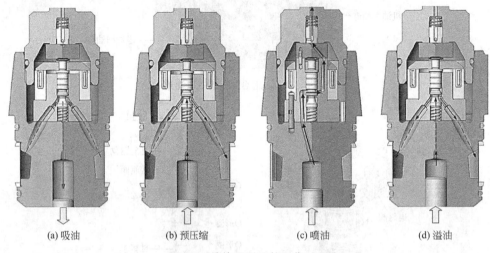

| (a) 吸油 | (b) 预压缩 | (c) 喷油 | (d) 溢油 |

图 6-9　单体泵泵油的工作过程

② 预压缩过程　如图 6-9(b)所示,在此过程,柱塞上升,柱塞顶端泵油腔内的燃油被压缩,泵油腔压力上升,但此时 ECU 仍未给单体泵电磁阀供电,电磁阀依旧处于开启状态,泵油腔与低压油道仍然保持相通,于是泵油腔中的受压燃油泄流回到低压油路系统中。

③ 喷射过程　在柱塞供油行程中,当电控系统根据所采集到的各传感器信号,在某一个特定的时刻发出喷油控制脉冲,通过驱动电路给电磁阀供电,回油通道被关闭,通向出油阀和喷油器的高压油道打开,在喷油之前柱塞泵油腔形成一封闭容积。随着柱塞上升,封闭容积中的燃油被压缩,压力迅速上升,喷油器端压力随之急剧上升,当此压力高于高压油管内的残压和喷嘴开启压力之和时,针阀开启,柱塞继续上升,油压也继续升高,燃油喷入气缸内。由于柱塞顶面积较大,喷油器的喷孔面积较小,故喷射过程中压力继续升高,如图 6-9(c)所示。

④ 溢油过程　当 ECU 发出的控制脉冲终止时,电磁阀断电,泵油腔又与低压油道接通,高压燃油低压油道溢出回流,高压油路压力下降,当降至针阀开启压力时,喷油结束,如图 6-9(d)所示。

通过上述单体泵的工作过程可以看出,电控单体泵的控制方式是时间控制,电磁阀的关闭时刻即为单体泵供油的开始时刻,每次关闭的持续时间决定供油量。

（2）电控变量柱塞单体泵

电控变量柱塞单体泵的供油规律能够更好地符合柴油机的工作需要,其结构如图 6-10 所示。

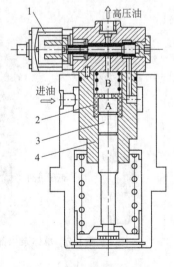

图 6-10　电控变量柱塞单体泵
1—高速电磁阀;2—增压套筒;
3—泵油柱塞;4—柱塞套筒

变量柱塞单体泵在泵油柱塞上方增加了一个增压套筒,这样就在单体泵中形成两个泵油腔,一个是柱塞与增压套筒之间形成的较小泵油腔 A,另一个是增压套筒与柱塞套筒之间形成的较大泵油腔 B。在单体泵的泵油行程中,开始阶段是由柱塞压缩较小泵油腔 A 中的柴油,由于柱塞顶部压油面积小,供油量较少;后期柱塞带动增压套筒压缩较大泵油腔 B 中的柴油,由于增压套筒顶部压油面积大,所以供油量也较多,整个供油过程形成了初期供油量小、后期供油量多的供油规律。通过匹配柱塞、增压套筒和柱塞套筒的尺寸,可以改变两个泵油腔 A 和 B 的容积以及两个阶段的供油行程,从而调整单体泵的供油规律。与前述电控单体泵一样,利用高速电磁阀控制变量柱塞泵的回油通道,以控制其供油的开始与结束时刻。

二、 单体泵柴油电控系统的组成及原理

典型的单体泵柴油电控系统如图 6-11 所示,主要由发动机电控单元 ECU、传感器和执行器三部分组成,其中,使用的传感器主要包括凸轮轴位置传感器、曲轴位置传感器(即发动机转速传感器)、油门踏板位置传感器、温度传感器和压力传感器等,执行器如果仅对燃油喷射控制而言,只有唯一的一个——单体泵电磁阀。

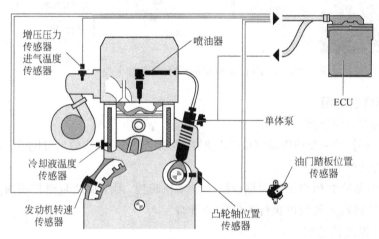

图 6-11 单体泵柴油电控系统的组成

在单体泵柴油电控系统中,为了保证恰当的喷油时刻,喷油起始点必须与精确规定的活塞或曲轴位置相对应,这要靠在发动机曲轴上安装的信号转子(曲轴位置传感器)和在凸轮轴上安装的与各缸喷射同步的脉冲信号发生器(凸轮轴位置传感器)来共同检测出对应的信号信息,发动机电控单元 ECU 以该信息作为对各单体泵喷油时刻进行控制的基本参数,再通过其它诸如油门踏板位置传感器(指示负荷)、温度传感器和压力传感器等的修正,最终计算出单体泵实际的喷油时刻,ECU 通过控制各单体泵电磁阀的瞬时动作决定了喷油的时刻。而喷油量则由电磁阀通电时间的长短来确定。ECU 决定喷油量的主要参数来自于曲轴位置传感器和油门踏板位置传感器,温度和压力等传感器仍然提供作为修正用的相关参数。

三、 玉柴(德尔福欧Ⅲ)单体泵柴油电控系统

前面仅对单体泵的燃油喷射控制做了说明,其实就整个单体泵电控系统而言,单体泵燃油喷射控制只是整个电控系统中的一个最重要的组成部分,在玉柴(德尔福欧Ⅲ)单体泵柴油电控系统中,ECU 还对电源、仪表、变速器、刹车等进行监控,并通过 CAN 总线完成对全车的监

测和故障诊断,如图 6-12 所示。

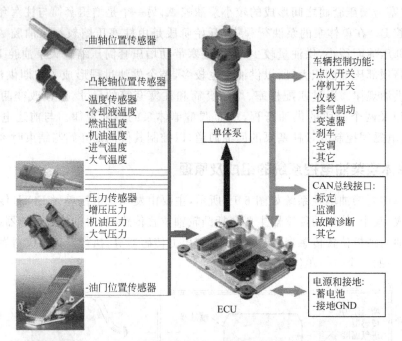

图 6-12　玉柴(德尔福欧Ⅲ)单体泵柴油电控系统

1. 系统传感器的功用

（1）凸轮轴位置传感器

凸轮轴位置传感器的主要功用是"判缸",同时在曲轴位置传感器失效后可执行失效安全策略。

（2）曲轴位置传感器

曲轴位置传感器能够精确测量曲轴位置和发动机转速,用于喷油时刻和喷油量的计算,同时在凸轮轴位置传感器失效后可执行失效安全策略。

（3）冷却液温度传感器

冷却液温度传感器通过冷却液温度的测量,用于冷启动、目标怠速计算等,同时还用于修正喷油提前角、最大功率保护等。

（4）进气温度传感器

该传感器用于测量进气温度,与进气压力一道计算空气密度和喷油量,同时还用于修正喷油提前角。

（5）燃油温度传感器

ECU 能够通过燃油温度传感器测量出的燃油温度,测算出燃油温度,再根据燃油密度计算喷油量和所需的喷油脉宽。

（6）增压压力传感器

增压压力传感器用于测量涡轮增压器的增压压力,与进气温度一道计算空气密度和喷油量,在瞬态工况时用于冒烟控制。

2. 系统控制策略

（1）常用控制功能

玉柴(德尔福欧Ⅲ)单体泵柴油电控系统的常用控制功能如表 6-1 所示。

表 6-1　常用控制功能一览表

序号	功能名称	功 能 说 明
1	油门油量控制	油门油量控制模块根据油门开度与柴油机转速计算出油门油量,从而司机可以控制柴油机转速与车辆运行速度
2	智能动力控制	短期超载,即短期增大输出扭矩的限制值,以方便司机不换挡爬坡
3	怠速控制	采用闭环控制方法使柴油机的转速稳定在设定怠速转速附近,并向其它运行工况的平稳过渡
4	智能怠速控制	根据各种温度、蓄电池电压与空调请求调节怠速运行速度
5	各缸平衡控制	减少柴油机怠速工况下各缸之间的转速波动
6	单体泵校正	对每个单体泵进行修正,以提高各缸均匀性和一致性
7	最高转速控制	在高转速运行或冷机状态下限制喷油量,避免柴油机因过大的机械应力或热负荷受到损害
8	最大供油量控制	根据柴油机转速与其它车辆运行参数,对指令油量进行限制,从而保证柴油机免受因过大的机械应力与热负荷而导致的损害
9	故障指示灯	通过故障显示灯一定频率的闪烁显示故障码,以便于维修
10	怠速微调	司机可根据当前车辆的实际使用情况(如负载情况、空调等附件使用情况)实时调整怠速,并提供记忆功能
11	长怠速停机	避免怠速长时间的运行。当怠速运行达到一定时间,该模块首先会闪烁红灯提醒司机,而司机又没有任何指令时,会自动停机
12	CAN 通讯	可向自动变速箱、ABS、ASR 等提供 CAN 通讯信息,并实现互动控制

（2）启动控制策略

启动控制策略主要包括判缸、启动油量标定、冷启动预热控制和启动冒黑烟问题四个方面。

① 判缸　ECU 根据曲轴位置传感器信号盘和凸轮轴位置传感器信号盘的相位关系,判断柴油发动机运行的角度相位(也称判缸),并计算发动机转速。只有当判缸成功后,才开始喷油。

在凸轮轴和曲轴信号同时存在的模式下进行发动机启动时,ECU 会结合曲轴缺齿判断信号与凸轮轴多齿判断信号进行判缸,在该模式下,判缸可靠、准确,发动机启动迅速。

在仅有曲轴信号模式下进行发动机启动时,当 ECU 检测到一个缺齿时,猜测发动机此时处于第一缸上止点前,按照此假定的角度相位,以六缸发动机 1-5-3-6-2-4(四缸发动机为 1-3-4-2)的喷油时序持续一定次数的喷射,当发动机转速超过一定阈值时,可以判断此相位正确,从而判缸成功;若没有转速升高的着火迹象,则重新假定一相位喷油以判缸。

在仅有凸轮轴信号模式下进行发动机启动时,ECU 通过检查判缸齿(第一缸前的多余齿)确定当前发动机的正确相位,从而按照正确的喷油时序喷射。

② 启动油量标定　启动油量的标定主要分为两个部分:一是基本油量的计算;另一个是补偿油量的计算。启动油量是两部分油量之和,单独由最大启动油量限制。

启动基本油量是柴油发动机转速与冷却液温度的函数,冷却液温度越低,转速越低,启动油量越大。启动基本油量标定的重点是冷启动油量和热启动油量,在保证启动迅速可靠的前提下,必须避免冷启动冒白烟、黑烟,热启动冒黑烟。

启动补偿油量的计算是当启动运行超过一定时间后仍然没有启动成功的情况下,由 ECU 以一定步长增加启动油量,以促进发动机顺利启动。在标定过程中,需仔细调整此步长值,太大易引起较大的启动冲击和冒黑烟,太小又会导致启动迟缓。

③ 冷启动预热控制　冷启动预热功能的目的是减少白烟排放,并将柴油发动机的进气温度尽快提升至正常水平。在发动机拖转前后,预热装置开始加热发动机的进气,分为 Preheat 和 Posheat 两种预热。

Preheat 用于拖转前的进气加热，Posheat 用于启动成功后的进气加热，以利于发动机平稳地过渡到急速工况。预热时间的长短是冷却液温度的函数，冷却液温度越低，预热时间越长。同时，预热指示灯将提示司机预热装置当前的工作状态，如图 6-13 所示。

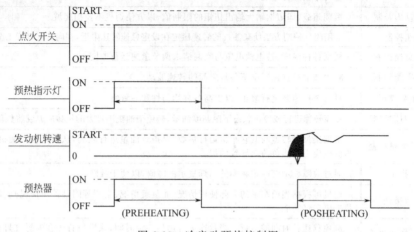

图 6-13　冷启动预热控制图

④ 启动冒黑烟问题　在柴油发动机机械部分状态良好的条件下，如果标定数据不匹配，发动机也会冒黑烟，因此，必须对发动机的启动过程进行精细标定。启动过程的优化标定涉及启动基本油量、启动补偿油量、启动正时、以及进气预热等方面，其原则是适时、适量地喷油，在不冒黑烟的前提下迅速、平稳地实现发动机启动。

（3）急速控制策略

急速控制策略的一个显著特征是闭环控制。急速闭环控制器根据目标急速与实际发动机转速之间的差异，利用 PI 闭环控制原理（P 是比例控制器的增益，其大小决定了柴油发动机急速转速控制的稳定性；I 是积分控制器的增益，其大小决定了柴油发动机急速转速控制的精确性，即目标急速与实际转速之间差异的大小）计算出急速喷油量，使发动机转速维持在目标急速附近，并稳定运转。

计算目标急速时需要考虑以下几个方面的因素：

① 高急速暖机——冷却液温度越低，目标急速越高。

② 空调急速提升——使用空调时，目标急速自动增高。

③ 蓄电池充电急速——蓄电池电压低时，提高目标急速以充电。

④ Limp home 状态急速——系统处于 Limp home（跛脚回家）状态时，目标急速会提高到 800～1000r/min，高于正常急速。

⑤ 当目标急速变化时，会采用一定步长逐步过渡调到新值。

（4）热保护控制策略

过高的工作温度将导致过高的热负荷，会造成拉缸、拉单体泵柱塞等严重故障，从而损坏发动机，另外，过高的温度还会导致冷却液汽化、燃油气阻等故障，因此，必须要实施热保护控制策略。

在冷却液温度过高、燃油温度过高和进气温度过高三种状态下都会实施热保护控制策略。热保护发生时将降低发动机功率。

3. 系统电路图

玉柴（德尔福欧Ⅲ）单体泵柴油电控系统的典型电路如图 6-14 和图 6-15 所示。

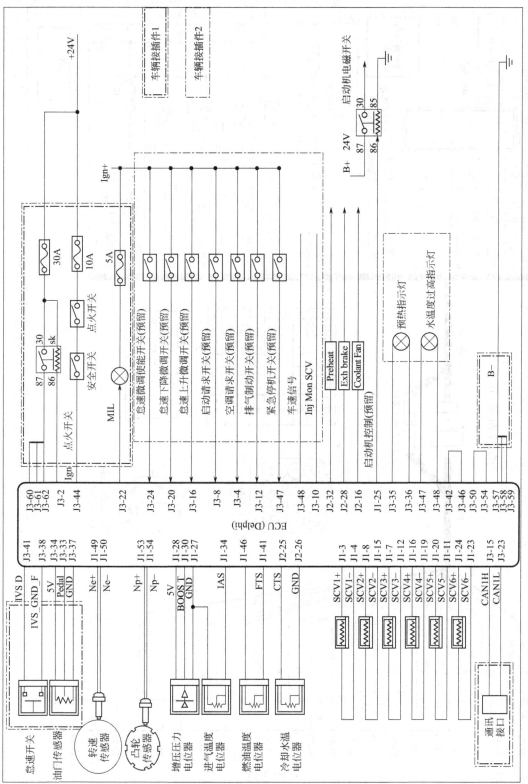

图 6-14 玉柴（德尔福欧Ⅲ）单体泵柴油电控系统电路图（一）

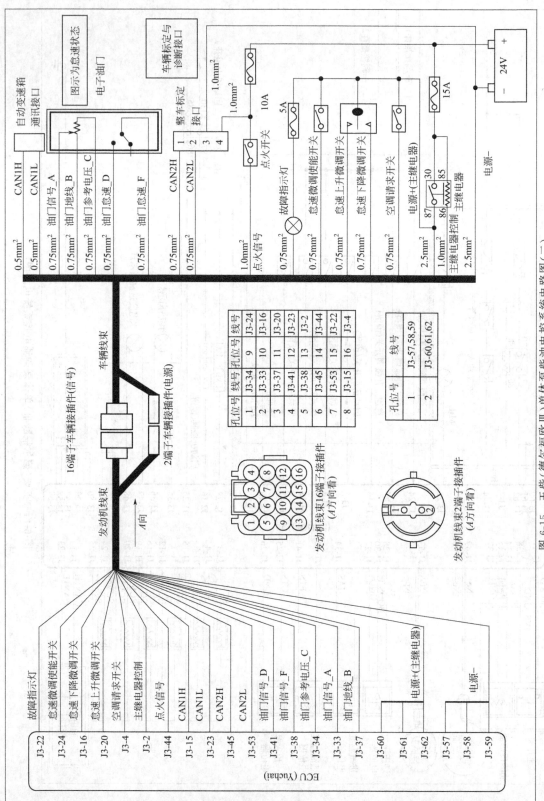

图 6-15 玉柴（德尔福欧Ⅲ）单体泵柴油电控系统电路图（二）

复习思考题

1. 简述电控单体泵的工作原理。
2. 在单体泵柴油电控系统中,ECU 决定喷油量的主要参数取决于哪几个传感器?
3. 在玉柴(德尔福欧Ⅲ)单体泵柴油电控系统中,ECU 是如何进行判缸控制的?
4. 在玉柴(德尔福欧Ⅲ)单体泵柴油电控系统中,哪些状态下会实施热保护控制策略?

第七章

共轨式柴油控制系统

共轨式柴油发动机电控燃油喷射系统是目前最为先进的电控柴油喷射技术,也是未来柴油发动机电控技术的发展方向。这是由共轨式电控柴油喷射技术的先进性所决定的:共轨式柴油发动机电控燃油喷射系统的喷油压力可以完全独立控制,能够实现喷油量和喷油正时的"时间-压力控制"或"压力控制",从而获得更高的控制精度。

共轨技术不仅是指用一个公共油轨(简称共轨)给各缸喷油器输送燃油,还包括用高压(或中压)输油泵、压力传感器和ECU组成的闭环系统独立控制喷油压力的供油方式。在共轨式电控燃油喷射系统(以下简称共轨系统)中,由高压(或中压)输油泵将高压燃油输送到公共油轨,ECU对共轨内的油压和喷油时间进行控制。保持喷油压力一定,通过控制喷油时间来控制喷油量,即称为"时间-压力控制"方式;保持喷油时间一定,通过控制喷油压力来控制喷油量,即称为"压力控制"方式。

按照共轨中的压力高低,共轨系统可分为高压共轨和中压共轨两种基本类型。按控制喷油器喷油的电控执行元件不同,共轨系统可分为电磁阀式和压电式两种类型。

目前,对共轨式电控燃油喷射系统通常按以下三种类型进行分类:

1. 高压共轨系统

高压共轨系统是指由高压输油泵(压力在120MPa以上)直接产生高压燃油输送至共轨中,经消除压力的脉动后,再分送到各喷油器;ECU根据柴油发动机的工作需要控制高速电磁阀迅速打开或关闭,进而控制喷油器按设定的要求开始喷油或停止喷油。此类系统一般采用"时间-压力控制"方式,又称第一代共轨式电控燃油喷射系统。

2. 中压共轨系统

中压共轨系统是指由中压输油泵(压力为$10\sim13$MPa)将中压燃油输送到共轨中,经消除压力的脉动后再分送至带有增压作用的喷油器;ECU根据柴油发动机的工作需要通过高速电磁阀控制喷油器开始喷油或停止喷油,与高压共轨系统不同的是在喷油开始前,喷油器内的增压装置先对来自共轨的中压柴油进行增压,使之达到规定的喷油压力($120\sim150$MPa)。此类系统一般通过控制共轨中的油压来控制喷油量,即采用"压力控制"方式,称为第二代共轨式电控燃油喷射系统。

3. 压电式共轨系统

第一代和第二代共轨系统均属电磁阀式共轨系统,即利用电磁阀作为执行元件,通过控制喷油器喷油的开始与结束来实现燃油喷射控制。而在压电式共轨系统中,则是利用压电晶体作为执行元件,通过控制喷油器针阀的升程(或喷油开始与结束)来实现燃油喷射控制。压电式共轨系统也被称为第三代共轨式电控燃油喷射系统。

第一节 高压共轨柴油电控系统

一、高压共轨供油系统的部件组成及原理

高压共轨系统主要由油箱、高压(输)油泵、高压油轨(也称共轨)、喷油器和各种电子元件(如 ECU、轨压传感器等)组成,如图 7-1 所示。

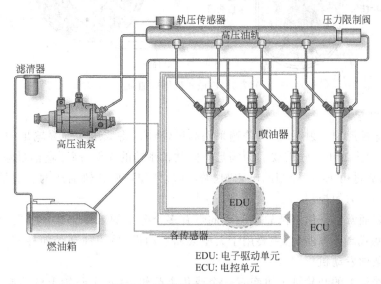

图 7-1 高压共轨柴油电控系统

高压输油泵从油箱中吸出柴油并将油压提高到约 120MPa 后输入共轨,高压输油泵的供油量一般几倍于实际喷油量以保证供油的可靠性,多余的燃油经回油管流回油箱。高压输油泵的出口端装有一个用来调节共轨中油压的调压阀,ECU 根据柴油发动机的转速、负荷等控制调压阀的开度,从而增加或减少高压输油泵输送给共轨的油量,实现对共轨中油压的控制,以保证供油压力稳定在目标值,使喷油压差保持不变。此外,ECU 还根据燃油压力传感器(即轨压传感器)信号对共轨中的油压进行闭环控制。

1. 燃油滤清器

高压共轨系统的燃油滤清器串联安装在燃油系统的低压油路中,用于滤除柴油中的杂质和水分。在滤清器的底部有集水腔,可以通过定期拧开放水螺塞放掉其中的水分。有些滤清器上还带有放水报警装置,其结构如图 7-2 所示。

2. 低压输油泵

低压输油泵的功用是将柴油从油箱内吸出并将具有一定压力的足够量的柴油输送给高压油泵(或油轨)。低压输油泵通常有齿轮式泵、容积式泵和电动泵三种类型。其中齿轮式泵和容积式泵属机械式输油泵,如图 7-3 所示(图中左侧为齿轮式泵,右侧为容积

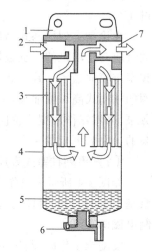

图 7-2 燃油滤清器

1—滤清器盖;2—进油口;
3—纸质滤芯;4—壳体;
5—集水腔;6—放水螺塞;
7—出油口

式泵),通常都安装在高压油泵之中;电动输油泵与汽油发动机的电动燃油泵类似,安装在油箱内。

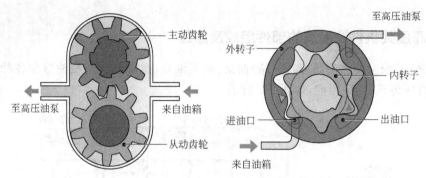

主动齿轮

至高压油泵

外转子

内转子

至高压油泵

来自油箱

进油口

出油口

从动齿轮

来自油箱

图 7-3　机械式低压输油泵

3. 高压输油泵

在共轨式电控燃油喷射系统中,普遍采用高压输油泵将低压输油泵输出的燃油进一步加压,使其达到共轨供油压力的需要。为满足不同共轨系统的需要,高压输油泵除产生高压油的功能外,还可以通过由 ECU 控制的电磁阀(调压阀)来控制向共轨输送的燃油量,最终目的是实现共轨中燃油压力的控制。

高压输油泵通常都采用由凸轮轴驱动的带有多个分泵的工作方式。主要分为两种类型:一种是直列柱塞式高压输油泵,主要用于大型柴油发动机;另一种是径向柱塞式高压输油泵,主要用于小型柴油发动机。

驱动高压输油泵的凸轮轴上可布置一个或几个凸轮,按每个凸轮上的凸起数可分为单作用型、双作用型、三作用型和四作用型等多种型式。采用多作用型凸轮,可以实现凸轮每转一圈完成几个(与凸轮凸起数相等)供油过程,因此在要求的输油泵供油量一定时,可以降低输油泵驱动装置的转速或输油泵的分泵数量,从而降低功耗,简化结构,但凸轮的凸起数一般不超过 4 个。

无论是直列柱塞式高压输油泵,还是径向柱塞式高压输油泵,其分泵的数量、凸轮的凸起数量应与发动机的气缸数量相匹配。为保证共轨中的压力稳定,一般要求高压输油泵的供油频率与喷油频率一致。如:六缸柴油发动机的喷油频率为每工作循环 6 次,若匹配每循环转一圈的柱塞式高压输油泵,采用单作用型凸轮时应有 6 个分泵,若采用双作用型凸轮时应有 3 个分泵,采用三作用型凸轮应有 2 个分泵;若高压输油泵由曲轴驱动每循环转两圈,则高压输油泵的分泵数可减少一半。

（1）直列柱塞式高压输油泵

如图 7-4 所示为三作用型凸轮的直列柱塞式高压输油泵,其结构与传统直列柱塞式高压泵基本相同,主要由柱塞、柱塞套筒、柱塞回位弹簧、凸轮轴、滚轮体、出油阀(单向阀)、进油控制电磁阀等组成。

发动机工作时,凸轮轴每转一圈,凸轮上的 3 个凸起轮流驱动柱塞压油,每个柱塞分泵可完成 3 个泵油过程。每个柱塞分泵的进油口处都安装一个进油控制电磁阀,用来控制分泵供油正时和供油量。高压油泵一般利用发动机润滑油进行强制润滑。

直列柱塞式高压输油泵的泵油过程可分为吸油行程和压油行程,如图 7-5 所示。

吸油行程:如图 7-5 中左侧柱塞泵所示的工作状态。凸轮的凸起最大升程转过后,柱塞在

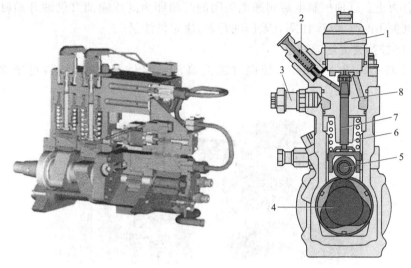

图 7-4　直列柱塞式高压油泵

1—进油控制电磁阀；2—出油阀；3—调压阀；4—凸轮轴；
5—滚轮体；6—柱塞回位弹簧；7—柱塞；8—柱塞套筒

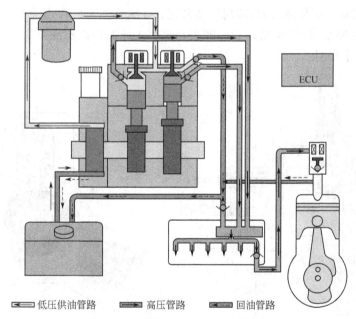

ECU

⇐ 低压供油管路　　⇒ 高压管路　　⇐ 回油管路

图 7-5　直列柱塞式高压油泵工作原理

回位弹簧作用下向下运行，泵油腔内容积增大而产生真空度，此时出油阀关闭，进油控制电磁阀处于断电开启状态，低压燃油经进油控制电磁阀被吸入泵油腔。

　　压油行程：如图 7-5 中右侧柱塞泵所示的工作状态。柱塞在凸轮驱动下向上运行，但开始阶段（预行程）进油控制电磁阀尚未通电，仍处于开启状态，泵油腔内的部分燃油经进油控制电磁阀被压回低压腔，泵油腔内不能建立高压，出油阀关闭不向共轨供油；当 ECU 计算出满足必要供油量的供油正时、适时地给进油控制电磁阀通电时，进油控制电磁阀关闭回油通道，使泵油腔内燃油迅速增压，高压燃油顶开出油阀供往共轨，直到柱塞运行到上止点、进油控制电磁阀再次开启为止。进油控制电磁阀通电关闭的时刻即为高压输油泵供油开始时刻,进油控制电磁阀通电关闭的时间(即柱塞有效压油行程)决定供油量。

（2）径向柱塞式高压输油泵

与直列柱塞式高压油泵相比,径向柱塞式高压油泵体积更小、结构更紧凑,如图7-6所示。

图7-6　径向柱塞式高压油泵

常见的径向柱塞式高压油泵多采用三作用型凸轮、有3个分泵,如图7-7所示。3个分泵及凸轮的3个凸起均相互错开120°,这样可使3个柱塞泵同时吸油、同时压油,且凸轮轴每转一圈,3个分泵各完成3次泵油过程,即高压油泵完成3次供油。此高压油泵由发动机曲轴通过齿轮、链条或齿带驱动,且传动比为1∶1,则发动机每工作循环高压油泵供油6次,与六缸柴油发动机的喷油频率相同。

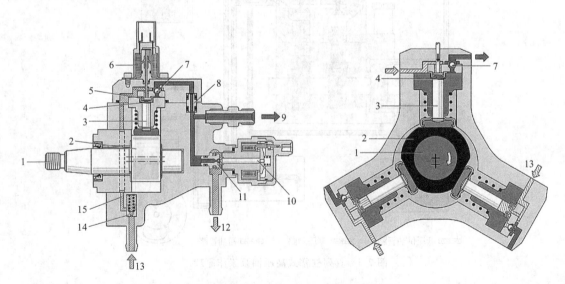

图7-7　径向柱塞式高压油泵的结构与工作原理
1—驱动轴;2—偏心凸轮;3—带有柱塞的泵元件;4—泵腔;5—进油阀;6—切断阀;
7—出油阀;8—密封圈;9—高压共轨连接口;10—压力控制阀;11—球阀;
12—回油;13—进油;14—带有节流孔的安全阀;15—到泵腔的低压管路

径向柱塞式高压输油泵的泵油过程同样分为吸油和压油两个行程,其工作原理与直列柱塞式高压输油泵基本相同。

（3）调压阀

调压阀，也称压力控制阀（见图7-7中的10标注），通常都安装在高压输油泵上，也有的安装在共轨上，其功用是根据ECU的指令实现对共轨压力的闭环控制。

在采用"时间-压力控制"方式的共轨系统中，ECU主要根据燃油压力传感器的信号控制调压阀工作，通过调压阀保持共轨压力（即喷油压力）不变。

在采用"压力控制"方式的共轨系统中，ECU首先根据各种传感器的信号确定循环喷油量，并根据循环喷油量与共轨压力的函数关系，利用调压阀调节共轨压力，使之达到预定喷油量所需要的目标值。

调压阀为占空比控制型电磁阀，其结构如图7-8所示。其采用的压力调节方式分为高压端调节和进油端调节两种方式。

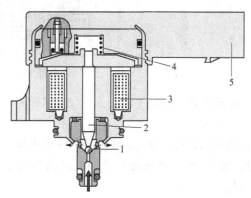

图7-8　调压阀
1—球阀；2—电枢；3—电磁线圈；4—弹簧；5—线束连接器

① 高压端调节　如果调压阀安装在高压输油泵的高压出油端或是安装在共轨上，其压力调节就属于高压端调节方式。

参见图7-7和图7-8，在柴油发动机工作时，调压阀始终处于通电状态，电磁线圈产生的电磁力和弹簧力通过电枢共同作用在球阀上，共轨的燃油压力则作用在球阀的底部；当共轨压力大于电磁力和弹簧力时，球阀开启共轨回油通道，使共轨压力下降；当共轨压力小于电磁力和弹簧力时，球阀关闭共轨回油通道，使共轨压力升高；当共轨压力与电磁力和弹簧力平衡时，球阀保持一定开度，使共轨压力保持稳定，此稳定的共轨压力取决于电磁力，电磁力越大，共轨压力越高。电磁线圈产生的电磁力与通电占空比成正比，共轨系统对共轨压力的控制就是由ECU通过调整电磁线圈的通电占空比来实现的。

调压阀不通电或通电占空比保持不变时，实际就是一个限压阀，调压阀不通电时的限制压力一般为10MPa。

② 进油端调节　如果调压阀安装在高压输油泵的低压进油端，其压力调节就属于进油端调节方式。

如图7-9所示，调压阀在ECU的控制下，通过调整调压阀的开度大小，改变从低压输油泵的低压进油管路至回油管路的流量大小，以此来调节柱塞下腔B的压力。通过调节柱塞下腔B的压力，就可以（克服柱塞顶端的弹簧弹力）改变柱塞的上下位置，从而调节至高压输油泵泵腔的供油管路A处的开度大小，如此，就改变了供给高压输油泵泵腔的供油量，从而实现对高压输油泵输出油压的调整。

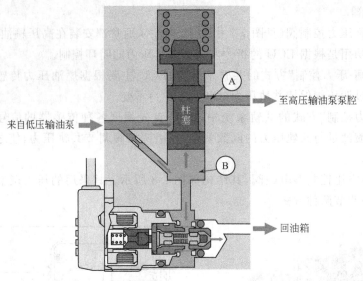

图 7-9　调压阀的进油端调节方式

4. 高压油轨（共轨）

（1）共轨

高压油轨，也称共轨，是喷油器的安装支架，其上通常装有喷油器流量限制器、限压阀和燃油压力传感器（也称轨压传感器），其结构如图 7-10 所示。在部分共轨系统中，共轨上还安装有调压阀。

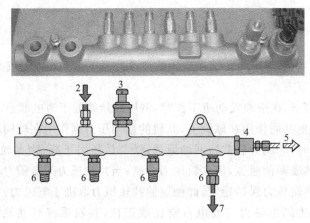

图 7-10　共轨

1—共轨；2—进油管口；3—燃油压力（轨压）传感器；4—限压阀；
5—回油管口；6—流量限制器；7—喷油器供油口

共轨的主要功用包括：储存高压输油泵提供的高压燃油，并根据需要分配给各喷油器，起到蓄压器的作用；此外，共轨应能抑制高压油泵供油和喷油器喷油时引起的压力波动，以保持共轨中压力的稳定。共轨必须具有适当的容积，如果容积过小，将不能保持共轨中压力的稳定；而如果容积过大，共轨中的压力响应速度就会变慢。

（2）流量限制器

在共轨与每个喷油器之间相连的供油通道中都安装有 1 个流量限制器，其功用是在非常情况下防止喷油器常开并持续喷油，即：一旦某喷油器常开并持续喷油，导致共轨输出的油量超过一定限值,流量限制器则会关闭该喷油器的供油通道。

　　流量限制器的结构如图 7-11 所示,壳体两端的外螺纹分别用来连接共轨和喷油器的供油管,壳体内部装有一个限制阀和限制阀回位弹簧,壳体两端的进、出油孔与其内部的限制阀腔贯通以便形成供油通道;限制阀进油侧直径较大的部分与限制器壳体精密配合,其中心油道通过径向节流孔与限制器内腔下部的弹簧室连通。

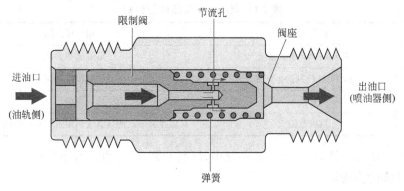

图 7-11　流量限制器

　　喷油器不喷油且无异常泄漏时,限制阀在弹簧作用下被顶靠在共轨一侧的堵头上,共轨中的高压油经进油孔、限制阀中心油道、节流孔、弹簧室、出油孔供给喷油器;当喷油器正常喷油时,由于喷油速率较高,由节流孔流出的油不足以补偿喷油器喷出的油量,所以限制阀下部(喷油器一侧)油压下降,共轨油压使限制阀压缩弹簧而向下移动,直到限制阀下部承受的油压和弹簧力与共轨油压平衡为止;当喷油器喷油结束后,共轨中的高压油继续经节流孔流出供给喷油器,使限制阀下部(喷油器一侧)的油压逐渐升高,限制阀也逐渐被弹簧推回到初始位置。

　　流量限制器的弹簧和节流孔都是经过精确计算选定的,喷油器正常喷油时,限制阀向下移动的升程不足以使其落座而关闭;但喷油器若存在异常泄漏现象,限制阀的升程会随泄漏量的增多而增大,即使喷油结束后,限制阀也不能回到初始位置,直到泄漏量超过一定限值时,限制阀完全关闭停止给喷油器供油。

　　(3) 限压阀

　　限压阀可以安装在高压输油泵上,也可以安装在共轨上,其功用是限制共轨中的最高压力。限压阀的结构如图 7-12 所示,阀和弹簧被空心螺塞限制在阀体内部的空腔内,弹簧的预

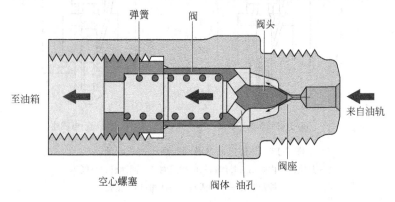

图 7-12　限压阀

紧力根据规定的共轨最高压力调定。通常情况下,阀被弹簧压靠在阀体左侧的阀座上,限压阀处于关闭状态;当共轨压力超过规定值时,阀左侧承受的共轨压力超过右侧的弹簧力,阀向右移动离开阀座,共轨中的燃油经限压阀流回油箱或输油泵进油侧,随共轨中燃油的溢流,共轨压力下降,阀在弹簧作用下重新回位,限压阀关闭。

注意:限压阀与前面所述的调压阀不同,其主要区别如表 7-1 所示。

表 7-1　调压阀与限压阀的区别

项　　目	调　压　阀	限　压　阀
安装位置	多安装在高压油泵上	多安装在共轨上
类　　型	由 ECU 控制的电磁阀	机械控制阀
响应速度	快	慢
调压范围	调压范围大	只能在其限制的最高压力附近很小的范围内调节压力

为加强工作的可靠性,在一些共轨系统中,既装有调压阀,也装有限压阀。

5. 高压共轨喷油器

柴油发动机常规(第一代)高压共轨系统采用的喷油器均为电/液控制式,它主要由高速电磁阀和各种液压伺服机构组成。ECU 通过控制高速电磁阀工作对喷油器喷油的开始时刻和喷油时间进行控制。液压伺服机构的工作油液就是共轨中的高压柴油。

电/液控制式喷油器有两种类型:二位三通电磁阀式、二位二通电磁阀式。

（1）二位三通电磁阀式喷油器

如图 7-13 所示,二位三通电磁阀安装在喷油器顶部,电磁阀主要由阀体、电磁线圈、内阀和外阀组成。内阀和电磁线圈均固定在阀体中,套装在内阀上的外阀与电磁阀的电枢做成一体,电磁阀通电和断电时,外阀则上下移动。内阀下部密封锥面与其阀座(位于外阀下部中心

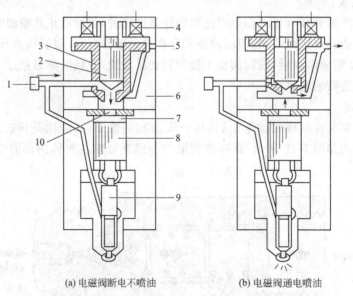

(a) 电磁阀断电不喷油　　　　　(b) 电磁阀通电喷油

图 7-13　二位三通电磁阀式高压共轨喷油器

1—共轨;2—内阀;3—外阀;4—电磁线圈;5—回油管;6—阀体;
7—控制室;8—控制活塞;9—针阀;10—量孔

孔的内侧)控制喷油器控制室进油通道,外阀下部密封锥面与其阀座(位于阀体上)控制喷油器控制室回油通道。电磁阀不通电时,外阀在其回位弹簧作用下保持在下端极限位置,此时外阀与其阀座压紧,内阀则离开其阀座,控制室的回油通道关闭、进油通道开启,共轨中的高压柴油进入控制室;尽管喷油器下部的油腔始终与共轨中保持相等的高压(油腔与油轨经油道连通),但喷油器针阀的承压锥面比控制活塞上部承压面小,加之针阀上作用着回位弹簧弹力,所以电磁阀断电使高压油进入控制室时,喷油器不喷油。当ECU接通电磁阀电路时,产生的电磁力将外阀向上吸起,外阀离开其阀座,内阀则与其阀座压紧,控制室的回油通道开启、进油通道关闭,从而使控制室油压迅速下降,喷油器油腔内的高压油将针阀顶起开始喷油,直到电磁阀再次断电使高压油进入控制室时,喷油器喷油结束。

（2）二位二通电磁阀式喷油器

与二位三通电磁阀相比,二位二通电磁阀的控制灵活性更好,制造成本更低,但在循环供油量较大时,其效率较低。

二位二通电磁阀式喷油器与上述二位三通电磁阀式喷油器的结构原理基本相同,主要区别是只用电磁阀控制喷油器控制室的回油通道,而不控制进油通道,不过在进油通道中装有节流孔。

如图7-14所示,来自共轨中的高压柴油进入喷油器后分成两路,一路直接进入喷油器下部的油腔,另一路经过进油节流孔(即充油控制孔)进入喷油器针阀杆顶端的控制室;电磁阀不通电时,控制室回油通道关闭,控制室与喷油器下部油腔内的油压相等,在针阀杆(相当于一个液压控制活塞)上部油压和回位弹簧力作用下,使喷油器针阀关闭,喷油器不喷油;电磁通电时,控制室回油通道开启,作用在针阀杆上部的油压迅速下降,喷油器下部油腔内的高压燃油将针阀顶开,使喷油器开始喷油,直到电磁阀再次断电时喷油结束。

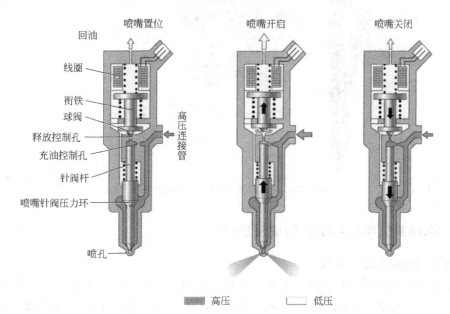

图7-14 二位二通电磁阀式高压共轨喷油器的结构及工作原理

在喷油器控制室的进、回油通道中各有一个节流孔(即充油控制孔和释放控制孔)。进油节流孔的孔径要小于回油节流孔的孔径,以使电磁阀在开启回油通道时,控制室油压能够下降,从而使喷油器针阀抬起喷油。

回油节流孔主要用于实现"先缓后急"的喷油规律,当电磁阀通电开启控制室回油通道后,回油节流孔可减缓控制室油压下降的速度,从而减慢针阀上升的速度,满足"先缓"的喷油要求。

进油节流孔主要用于保证喷油器针阀座(压力环)处的柴油高压。

（3）高压共轨喷油器修正码设置技术

电控柴油发动机最大的优势在于对喷油量及喷油规律的控制自由度大,可以根据不同的工况点要求,精确控制喷油量、喷油时间和喷油规律,从而满足柴油发动机动力性、经济性以及排放法规的要求。

由于喷油器本身的制造偏差,会对喷油量等的控制精度产生影响,为克服这种影响,电控柴油发动机普遍采用了喷油器修正码技术。

在高压共轨系统中,喷油量取决于共轨压力和喷油器线圈的激励时间。对同一只喷油器而言,当其喷孔数量、喷孔直径及喷油锥角已确定,在相同的共轨压力及激励时间下,喷油量在理论上是一个定值。但在喷油器批量生产过程中,喷油器本身的制造偏差不可避免,如喷孔直径、量孔大小、电磁阀开启时需要克服的阻力等参数,在各喷油器之间都存在差异,如果不对上述喷油器的差异进行修正,ECU对喷油器的精确控制就会受到限制。因此,新的高压共轨喷油器都标有修正信息,如图7-15所示,在更换到发动机上后,需通过检测仪器或通讯设备将该修正信息输入到柴油发动机高压共轨控制系统中,从而确保不同生产批次的喷油器能够喷出等量的高压柴油。

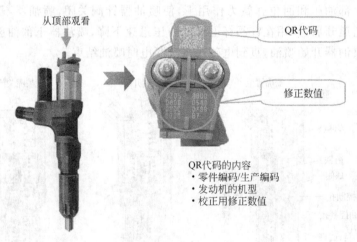

图 7-15　高压共轨喷油器的修正码信息

二、 高压共轨电控系统的组成及原理

1. 系统的组成及基本原理

与其它的电控系统一样,高压共轨电控系统也是由传感器、ECU和执行器三部分组成的。典型的高压共轨电控系统如图7-16所示。系统中既包含有凸轮轴位置、曲轴转角、加速(即油门)踏板位置、空气流量、大气压力、温度(包括冷却液温度、进气温度、燃油温度等)、油轨压力、增压压力等传感器,也包含有以喷油器和高压输油泵为代表的执行器。

在确保供油系统正常的前提下,ECU通过接收凸轮轴位置传感器信号(用于判缸)和曲轴转速传感器信号,用来确定各气缸的工作(喷油)顺序以及喷油时刻(包括初始喷油时刻);根据

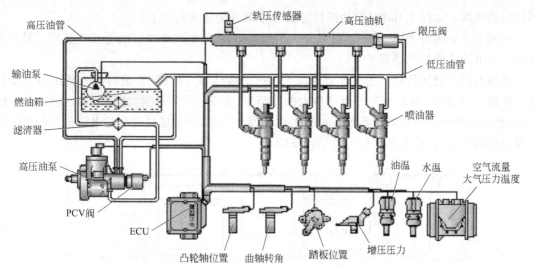

图 7-16　高压共轨电控系统

柴油发动机的（曲轴）转速、负荷（油门踏板位置、空气流量等信号）等来控制高压输油泵输送给共轨的油压以及喷油器的喷射时间长短；依据轨压传感器反馈的共轨压力信号，对共轨中的油压进行闭环控制。此外，ECU 还根据温度（冷却液、空气、燃油）等信号，对轨压、喷油器的喷射时刻和喷射时间实施修正。当然，ECU 对共轨电控系统中所附带的各种辅助系统的控制也离不开上述传感器的信号参考和修正，如图 7-17 所示。

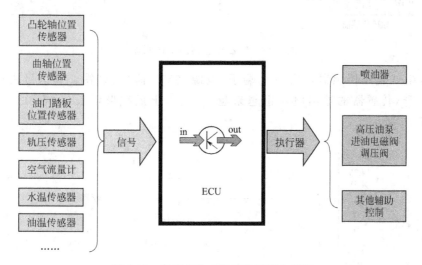

图 7-17　高压共轨电控系统的基本原理

2. 高压共轨电控系统的传感器

前面已经提及的高压共轨电控系统中所包含的凸轮轴位置传感器、曲轴位置（转角）传感器、加速（油门）踏板位置传感器、空气流量计、大气压力传感器、温度（包括冷却液温度、进气温度、燃油温度等）传感器，在安装位置、类型和作用等方面，它们与汽油发动机电控燃油喷射系统所使用的传感器基本上是相同的，所以，在此不再赘述。

（1）轨压传感器

轨压传感器是共轨式柴油电控系统非常重要的一个传感器，是 ECU 对共轨压力实施闭环控制的依据。如图 7-10 所示,轨压传感器通常都安装在共轨之上。

按照工作原理分类,轨压传感器可分为压敏电阻式、压电式和电容式等几种类型。最常用的是压敏电阻式轨压传感器。

压敏电阻式轨压传感器的工作原理与大气压力传感器、进气歧管绝对压力传感器基本相似。如图 7-18 所示,压敏电阻在外部压力的作用下,会发生物理形变,这使得其电阻率发生改变,从而使由压敏电阻构成的惠斯通电桥的电路发生变化,所生成的变化的电压信号经过内部电路处理放大之后,作为轨压信号输送给 ECU。

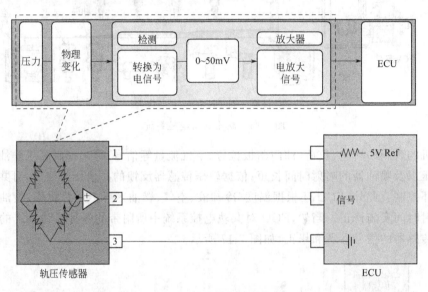

图 7-18　轨压传感器的工作原理

压敏电阻式轨压传感器均有三个端子:电源(5V)、信号、搭铁。其信号为模拟量,随着轨压的上升,传感器的输出电压也越来越高,基本上成线形增长(约在 0.5～4.5V 之间),如图 7-19 所示。

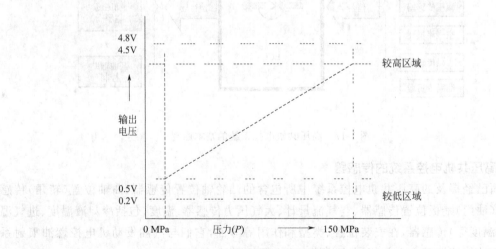

图 7-19　轨压传感器的信号电压

（2）增压压力传感器

涡轮增压系统是现代柴油发动机为提高动力性而普遍采用的一种有效手段,在该系统中通常都装有进气增压压力传感器。

增压压力传感器安装在增压器压气机出口侧的进气管中,用于检测增压器的实际增压压力,ECU 根据此信号进行增压控制。

增压压力传感器的工作原理与上述的轨压传感器基本相同,在此不再重述。

三、 高压共轨电控系统的控制策略

在高压共轨电控系统中,ECU 的控制项目有哪些,项目运行的条件有哪些,当系统中的部件(如某一传感器)出现异常时,系统要采取哪些措施,诸如此类,都是共轨电控系统所要考虑的,这也称之为高压共轨电控系统的控制策略。在此,以 BOSCH-BCR 高压共轨系统为例,对其柴油发动机高压共轨电控系统的控制策略进行必要的介绍。

1. ECU 的控制功能

（1）喷油方式控制

　—喷油?次/循环。

（2）喷油量控制

　—预喷射控制;—主喷射控制;—减速断油控制。

（3）喷油正时控制

　—预喷射正时;—主喷射正时;—正时补偿。

（4）轨压控制

　—正常和快速轨压控制;—轨压建立和超压保护;—喷油器泄压控制;

　—轨压 Limp home(跛行回家模式)控制。

（5）扭矩控制

　—瞬态扭矩;—加速扭矩;—低速扭矩补偿;—最大扭矩控制;

　—瞬态冒烟控制;—增压器保护控制。

（6）过热保护

（7）各缸平衡控制

（8）EGR（废气再循环）控制

（9）VGT（可变截面式涡轮增压器）控制

（10）辅助启动控制（电机、预热塞）

（11）系统状态管理

（12）电源管理

（13）故障诊断

2. 启动过程控制

（1）喷油器开始喷油的必要条件:

　—共轨压力超过最小设定值($>$200bar,1bar$=10^5$Pa);

　—同步信号正常:

　　判缸、转速传感器信号正常;相位正常。

（2）判缸过程:

ECU 根据 CKP(曲轴位置传感器)和 CMP(凸轮轴位置传感器)的相位关系判断柴油发动

机运行的相位角度(判缸)并计算柴油发动机转速。仅当判缸成功后才开始喷油。

- 正常模式(CKP 和 CMP 均正常)——判缸过程准确、迅速。
- 后备模式 1(仅有 CMP 信号)——ECU 依靠 CMP 的判缸齿确定正确相位,从而按照正确的喷油时序喷油。
- 后备模式 2(仅有 CKP 信号)——ECU 检测到 CKP 的一个缺齿时,猜测柴油发动机此时位于 1 缸压缩上止点前,按照此假定的角度相位,以 1－5－3－6－2－4 的喷油时序持续一定次数的喷射,当发动机转速超过一定阈值时,可以判定此相位正确,从而判缸成功;若没有转速升高的着火迹象,则重新假定一相位喷油以判缸。

(3)启动喷油量计算:

启动喷油量＝基本扭矩喷油量＋补偿扭矩喷油量

- 基本扭矩喷油量是发动机转速和冷却液温度的函数

  —转速越低、冷却液温度越低,启动喷油量越大。
- 冷却液温度传感器(ECT)可能导致启动不良

  —当水温高而 ECT 信号表现为水温低时,可能冒烟;

  —当水温低而 ECT 信号表现为水温高时,可能启动困难。
- 补偿扭矩喷油量

  —当海拔高度发生变化时,通过对大气压力的检测,进行喷油量补偿。
- 启动过程中,ECU 会逐渐增加喷油量,以促进柴油发动机顺利启动。

(4) 共轨系统启动中轨压的建立是非常重要的(＞200bar)。

(5) 为迅速建立轨压,在启动时 ECU 首先采用大脉宽的喷射的开环控制模式。

(6) 当轨压和转速达到某一设定值之后 ECU 转为闭环控制。

3. 失效控制策略

失效策略是指电控系统故障状态下的运行策略。在 BOSCH-BCR 高压共轨系统中,失效控制策略分为以下四级:

- 一级:缺省值;
- 二级:减扭矩;
- 三级:Limp home(跛行回家);
- 四级:停机。

一般来说,级别越高,表示系统的失效(故障)程度越严重,ECU 采取的限制措施也越严格。

(1) 一级(缺省值)失效控制策略

一级(缺省值)失效控制策略主要是针对发动机过热状态下的保护措施。

① 水温信号故障下的热保护功能

- 进入条件:ECU 判断水温信号错误

  —水温传感器损坏;

  —水温传感器信号线损坏(断路或短路)。
- ECU 处理措施:

  —点亮故障灯;

  —产生故障码;

  —发动机采用缺省水温 100℃(依据机型不同而异);

　　—外特性油量会减少40％（依据机型不同而异）；

　　—在限制范围内，油门仍然起作用。

　　② 广域的热保护功能

　　· 热保护的必要性

　　—防止水温过高对发动机的损坏；

　　—防止进气温度过高对发动机的损坏；

　　—防止温度过高对喷油系统的损坏。

　　· 热保护的种类：

　　—高水温保护；

　　—高进气温度保护；

　　—高燃油温度保护。

　　· 热保护策略：

　　—限制喷油量，降低发动机功率。

　　（2）二级（减扭矩）失效控制策略

　　· 进入条件：

　　—环境空气压力传感器损坏或信号线路断路、短路；

　　—增压压力/温度传感器损坏或信号线路断路、短路；

　　—轨压传感器信号飘移；

　　—油轨压力闭环控制故障；

　　—传感器参考电压故障。

　　· ECU处理措施：

　　—点亮故障灯，产生相应故障码；

　　—限制转速小于1800r/min；

　　—在限制范围内，油门踏板仍然起作用；

　　—外特性油量会减小一个百分比（目标标定为×80％）。

　　从上述内容可以看出，无论是一级失效控制策略还是二级失效控制策略，ECU都对柴油发动机的动力输出进行限制（包括供油量、转速等），但二级失效控制策略对柴油发动机的限制更为严格，如图7-20所示，为受限前、后柴油发动机的外特性曲线比较，可以看出，受限后，柴油发动机的扭矩不但明显降低，而且转速也受到了大范围的限制，无论油门踏板的踩踏深度有多大，柴油发动机的转速都被限制在1800r/min以内。

　　（3）三级（Limp home—跛行回家）失效控制策略

　　当发动机处于以下几种情况时，控制策略将进入三级Limp home状态：

　　· 曲轴传感器损坏或信号线路断路、短路；

　　· 凸轮轴传感器损坏或信号线路断路、短路；

　　· 轨压传感器损坏或信号线路断路或短路；

　　· 油门踏板位置传感器损坏或信号线路断路或短路；

　　· 高压油泵调压阀损坏或驱动线路断路、短路。

　　① 曲轴或凸轮轴传感器失效策略

　　· 进入条件：ECU判断曲轴或凸轮轴传感器信号故障

　　—传感器损坏；

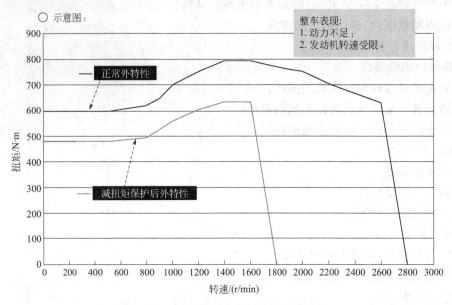

○ 示意图：

整车表现：
1. 动力不足；
2. 发动机转速受限。

正常外特性

减扭矩保护后外特性

图 7-20　柴油发动机受限前、后的外特性

—信号线损坏（断路或短路）。

• ECU 处理措施：

—点亮故障灯；

—产生故障码；

—发动机依靠单传感器继续工作；

—启动时间可能较正常状况稍长；

—油门感觉正常；

—运行没有明显影响，但油耗和排放可能会变差。

② 轨压传感器失效策略

• 进入条件：ECU 判断轨压传感器信号失效

—传感器损坏；

—信号线损坏（断路或短路）。

• ECU 处理措施：

—点亮故障灯、产生故障码；

—加大高压泵的供油量；

—燃油压力超高、限压阀被冲开；

—实际轨压维持在 700～760bar 范围内；

—限制发动机转速（小于 1700r/min，通过控制喷油量实现）。

• 其它：

—关闭点火开关后，限压阀关闭，恢复正常；

—如发动机启动过程已进入此策略，仍能启动且无明显感觉。

③ 调压阀失效策略

• 进入条件：ECU 判断限压阀驱动失效

—限压阀损坏；

—驱动线路损坏(断路或短路)。

- ECU 处理措施：

—点亮故障灯、产生故障码；

—加大高压泵的供油量；

—燃油压力超高、限压阀被冲开；

—诊断仪显示轨压在 700～760bar 范围内，并随转速升高而增大；

—限制发动机转速(小于 1700r/min，通过控制喷油量实现)；

—在限制范围内，油门仍然起作用。

- 其它：

—关闭点火开关后，限压阀关闭，恢复正常；

—如发动机启动过程已进入此策略，仍能启动且无明显感觉。

④ 油门踏板位置传感器失效策略

- 进入条件：ECU 判断油门踏板位置信号错误

—油门插接件脱落；

—两路油门信号中任一路信号出现故障；

—两路油门信号不一致；

—油门开度与刹车踏板逻辑关系错误。

- ECU 处理措施：

—点亮故障灯；

—产生故障码；

—油门失效；；

—发动机启动后，将维持 Limp home 转速(1100r/min)。

（4）三级（停机保护）失效控制策略

- 进入条件：ECU 判断出现下述故障

—A/D(模数)转换功能错误；

—油轨压力持续超高(例如持续 2s 超过 1600bar)。

- ECU 处理措施：

—点亮故障灯；

—产生相关故障码；

—发动机停机；

—故障状态下无法再次启动。

第二节　中压共轨柴油电控系统

一、中压共轨系统的基本组成

为降低对供油压力的要求，在后期开发的柴油发动机共轨式电控燃油喷射系统中，喷油量控制采用"压力控制"方式的中压共轨系统，如图 7-21 所示。中压共轨系统主要由低压输油泵、蓄压式电/液控制喷油器、调压阀、共轨等组成。

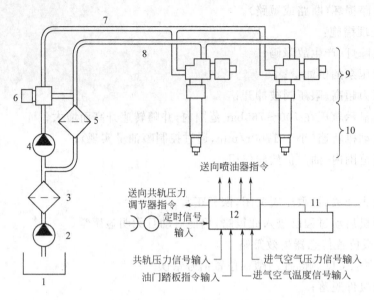

图 7-21　中压共轨系统

1—油箱；2—低压输油泵；3—燃油滤清器；4—中压输油泵；5—热交换器；
6—调压阀；7—共轨；8—回油管；9—电磁阀和油压增压器；10—喷油器；
11—蓄电池；12—ECU

二、　中压共轨系统的工作原理

在中压共轨系统中，ECU 根据各传感器信号控制调压阀，以调节共轨中的油压；ECU 同时通过控制安装在喷油器上的电磁阀工作，使喷油持续时间保持不变，以实现喷油量的"压力控制"。

由于共轨中的油压不能满足柴油发动机对喷油压力的要求，因此都采用具有增压功能的蓄压式电/液控制喷油器。用于中压共轨系统的蓄压式电/液控制喷油器工作原理如图 7-22 所示。喷油器上部装有一个电控的三通电磁阀，电磁阀通电时，增压活塞上方进油通道开启而回油通道关闭，共轨中的低压油进入喷油器中的增压活塞上方，由于增压活塞上方面积大于柱塞下方的面积，根据液力放大原理，经过单向阀进入柱塞下方蓄压室中的燃油压力提高(提高 10～16 倍，可达 100～160MPa)并充满喷油器柱塞偶件的油腔，但此时由于在针阀上部油压和回位弹簧力作用下，针阀关闭，喷油器不喷油[图 7-22(a)]；当电磁阀断电时，增压活塞上方回油通道开启而进油通道关闭，针阀上部油压迅速下降，喷油器油腔内的高压燃油将针阀顶开，喷油器开始喷油[图 7-22(b)]，直到喷油器油腔内的油压下降到一定值时，柱塞上方的燃油压力和弹簧力使针阀关闭，喷油结束。喷油时刻取决于电磁阀断电的时刻，由于针阀回位弹簧的弹力是一定的，停止喷油时喷油器油腔内的压力也一定，所以喷油正时(电磁阀断电的时刻)一定时，喷油器的喷油时间也就固定。

喷油器喷孔尺寸一定，喷油时间一定，控制喷油压力即可控制喷油量；而在增压活塞和柱塞尺寸一定时，喷油压力(即增压压力)取决于共轨中的油压，共轨中的油压是由 ECU 根据各种传感器信号通过供油压力调节阀来控制的，因此，将此种喷油量控制方式称为"压力控制"方式。在该系统中，ECU 根据实际的共轨压力信号对共轨压力进行闭环控制。

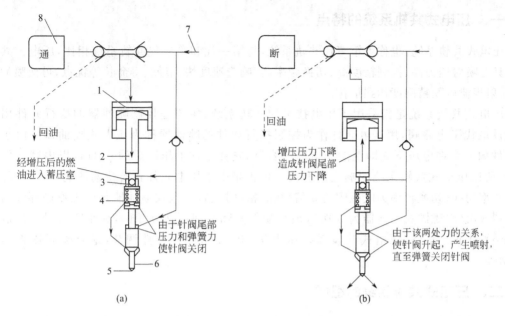

图 7-22　蓄压式电/液控制喷油器工作原理

1—增压活塞；2—增压柱塞；3—单向阀；4—蓄压室；5—针阀密封锥面；
6—喷油器针阀；7—公共油轨；8—电磁阀

第三节　压电式共轨柴油电控系统

为满足日益严格的排放法规要求，对喷油速率和喷油规律的控制，已成为柴油发动机电控燃油喷射系统的重要功能之一。目前，在柴油发动机共轨式电控燃油喷射系统中，为降低排放污染和噪声，控制喷油速率和喷油规律的主要措施是：实现预喷射、后喷射甚至多次喷射功能。

预喷射是指主喷射前百万分之一秒内向缸内喷射少量柴油。通过对预喷射量的控制来实现对着火延迟期（燃烧过程分着火延迟期、速燃期、缓燃期和补燃期）内混合气形成数量的控制，从而达到防止柴油发动机工作粗暴、减小噪声的目的。此外，预喷射的柴油喷入气缸后首先着火燃烧，对燃烧室进行预热后再进行主喷射，使主喷射阶段喷入气缸的柴油着火更容易，有利于形成边喷射、边形成混合气、边燃烧的平缓燃烧过程，从而防止柴油发动机在速燃期缸内压力的急剧变化，有利于降低燃烧噪声。

后喷射是指在膨胀过程中进行的喷射。后喷射的柴油燃烧放出的热量，可提高柴油发动机在缓燃期和补燃期的温度，从而降低 HC 和 CO 的排放量。

多次喷射是指在柴油发动机的 1 个工作循环内进行若干次（一般多于 3 次）喷射，可以根据柴油发动机工况对喷油速率和喷油规律进行精确控制。

实现预喷射、后喷射甚至多次喷射功能的关键，就是要求电控系统的执行元件必须有很好的灵敏性（即反应速度），能在很短的时间内完成多次切换。此外，电控系统对喷油量的控制应有较高的精度，即要求能控制的最小供油量要足够小。

压电式共轨柴油电控系统正式为了满足上述要求而开发出来的。

一、压电式共轨系统的特点

压电式共轨系统,也称为第三代共轨系统,与第一代和第二代共轨系统相比,压电式共轨系统具有喷射压力高、控制精度高、切换频率高、响应速度快、节能、寿命长等优点,可使喷油速率、喷射规律以及精确度达到最优。

压电式共轨系统是指采用了压电技术的共轨系统,主要是控制喷油器的执行元件用压电元件取代了电磁阀,用压电元件作为控制执行元件的喷油器称为压电式喷油器。由于压电元件像一个在电压下立即就能充电的电容器,它在施加电压以后的 0.1ms 以内就会发生形变,所以压电式共轨系统的响应速度快。也正是由于压电元件具有快速的响应性,才能实现高频率切换(切换频率为电磁阀的 5 倍)和高精度控制,压电式喷油器每个工作循环喷射次数可达 5 次(电磁阀式喷油器为 3 次),最小喷射间隔时间可达 0.1ms,最小喷射量可控制在 0.5mm^3 以下。此外,压电式共轨系统压力从 20~200MPa 弹性调节,最高喷射压力达到 180MPa。

二、压电式共轨系统的组成

压电式共轨系统的组成与第一代、第二代高压共轨系统基本相同,主要在喷油器及系统对喷油器的控制上存在一定的差异。如图 7-23 所示,是奥迪 V6 的 3.0L TDI 柴油发动机所采用的 Bosch 公司生产的压电式共轨系统。

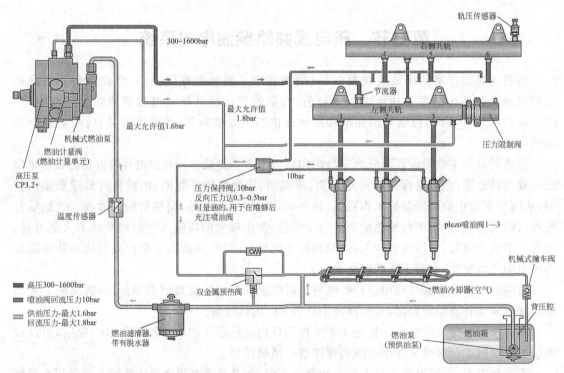

图 7-23 Bosch 公司压电式共轨系统

柴油发动机工作时,柴油由低压电动燃油泵输送给具有泵油量调节功能的高压油泵,分配单元将进入的燃油分成两路:一路供给泵油元件,另一路用于冷却传动机构和润滑轴承。高压油泵将燃油压缩至最高压力达 1600bar,并将其输入共轨。拧紧在共轨上的燃油压力传感器用于燃油压力的闭环控制,而安装在共轨上的调压阀则用于调节共轨中的油压。

三、压电式喷油器

之所以称为压电式共轨柴油电控系统,主要是由于系统中采用了压电式喷油器的缘故。与以前电磁阀式喷油器不同的是,压电式喷油器取消了电磁阀,取而代之的为压电元件。

压电元件具有正向和反向压电效应,当压电元件受到外力变形时,会在压电元件两端产生电压,反之,当在压电元件两端施加电压时,压电元件就会发生形变,给压电元件施加正向电压时其体积膨胀,给压电元件施加反向电压时则其体积收缩,压电式喷油器就是利用这一原理来使喷油器控制室油道通断或针阀升程改变,从而实现对喷油量和喷油正时的控制。此外,利用压电元件快速响应的能力,通过压电元件通、断电多次切换,即可实现多次喷射,以满足最佳喷油规律的要求。

按照控制方式的不同,压电式喷油器可分为用压电元件控制油道的喷油器和用压电元件控制针阀升程的喷油器(VCO 喷油器)两种类型。

1. 用压电元件控制油道的喷油器

用压电元件控制油道的喷油器,其结构原理与前述的高压共轨、中压共轨系统采用电磁阀控制的喷油器基本相同,只是用压电元件取代了电磁阀,所以高压共轨系统和中压共轨系统均可使用。Bosch 公司生产的压电式共轨系统一般采用此类喷油器。

2. 用压电元件控制针阀升程的喷油器

(1)VCO 喷油器的工作原理

用压电元件控制针阀升程的喷油器,又称 VCO 喷油器。此类喷油器在直喷式的汽油机和柴油发动机上均已得到应用。传统的柴油发动机喷油器,都是利用燃油压力作用在针阀中部的承压锥面上,来使针阀开启实现喷油,而用压电元件控制针阀升程的喷油器,则是利用压电元件直接控制针阀升程来实现喷油;因此,用压电元件控制针阀升程的喷油器,针阀中部无承压锥面和相应的压力室,称之为无压力室喷油器(VCO 喷油器)。VCO 喷油器因为没有增压功能,所以只适用于高压柴油共轨系统。

VCO 喷油器的工作原理是利用压电元件直接控制针阀升程来改变喷油孔流通截面,从而实现对喷油量的控制。在喷油压力和喷油时间一定的前提下,喷油器的喷油量与喷油器针阀的升程成正比,对于 VCO 喷油器,其喷油器针阀的升程与施加在压电元件两端的反向电压成正比,所以通过控制给压电元件施加的反向电压,即可控制喷油量。

当给压电元件施加反向电压时,压电元件收缩使针阀开启,喷油器开始喷油;施加正向电压时,压电元件膨胀使针阀关闭,喷油器不喷油。

为保证喷油器不喷油时,压电元件能将针阀压紧,依靠给压电元件施加正向电压将会导致电能损耗,所以在喷油器顶部设有差动螺纹,可通过差动螺纹来调整压电元件的刚度(即预压力),而石英测量垫片则用来精确测量差动螺纹的调整量。

(2)VCO 喷油器的结构

VCO 喷油器的结构如图 7-24 所示,它主要由执行元件模块、连接模块、切换阀、喷嘴模块和油道、阀体以及电气连接插头等部分组成。

① 执行元件模块 执行元件模块中的最主要组成部分是压电元件,其结构如图 7-25 所

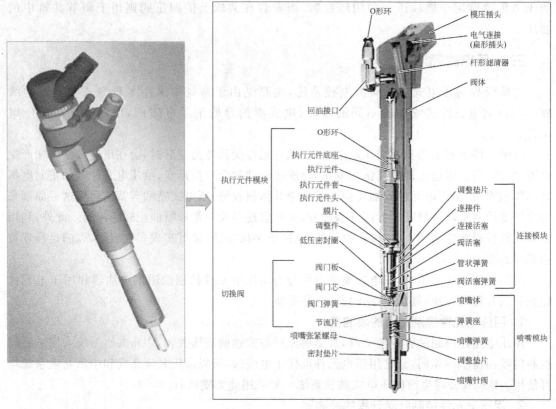

图 7-24 VCO 喷油器

示,共装有 264 层压电层。喷油器利用压电元件可以实现以下功能:

- 每个工作行程可产生多个触发周期;
- 多个喷油器之间切换时间非常短;
- 能够产生很大的力来对抗共轨压力;
- 燃油泄压时可以精确地控制行程;
- 依据共轨压力,可以在 110~148V 之间调整触发

电压。

② 连接模块　又称液力转换器,主要由两个连接活塞组成,如图 7-26 所示。连接模块能够将执行元件模块长度的增长转化为液体压力和位移,然后作用到切换阀上。

连接模块的作用就像液压缸,它的上面通过压力调节阀总是作用有 10bar 的燃油压力,该压力使这个液压缸反向运动。燃油在连接模块中的连接活塞 A 和阀活塞 B 之间起压力缓冲垫的作用。当喷油器有动作但不喷油时(系统内有空气了),喷油器会以发动机启动时的频率来排气。另外喷油器是通过压力保持阀逆着燃油流动的方向而充满油的。如果没有这个反向压力,喷油器就失效了。

图 7-25　VCO 喷油器的执行
元件模块

③ 切换阀　切换阀的组成如图 7-27 所示。

燃油(油压就是油轨中的压力)经节流上的入口节流阀(Z)流到喷嘴针阀处并进入该针阀上部的腔内。于是喷嘴针阀上部和下部的压力就平衡了,喷嘴针阀就被喷嘴弹簧的作用力保持在关闭的位置上。当压下阀门芯时,回流通路就打开了,油轨内的压力油首先流过喷嘴针阀上部的一个较大的出口节流阀(A),于是喷嘴针阀就被该压力抬离针阀座,然后就开始喷油了。

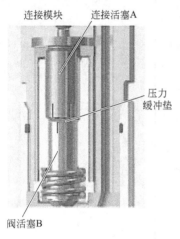

压力
缓冲垫

图 7-26　VCO 喷油器的连接模块

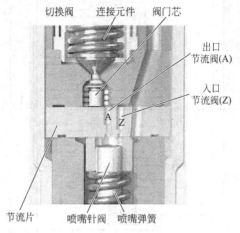

图 7-27　VCO 喷油器的切换阀

由于压电元件的切换脉冲是非常快的,因此在每个工作行程中可以完成多次连续的喷油过程。

④ 喷嘴模块　喷嘴模块的结构如图 7-28 所示。可以看出,喷嘴针阀上取消了承压锥面,其喷油动作仅依靠压电元件直接控制针阀升程来实现对喷油器的通断的控制。

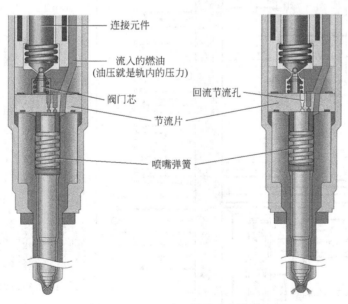

图 7-28　VCO 喷油器的喷嘴模块

四、 奥迪 V6 3.0L TDI 压电式柴油共轨系统电路

奥迪 V6 3.0L TDI 压电式柴油共轨系统的控制电路见图 7-29。

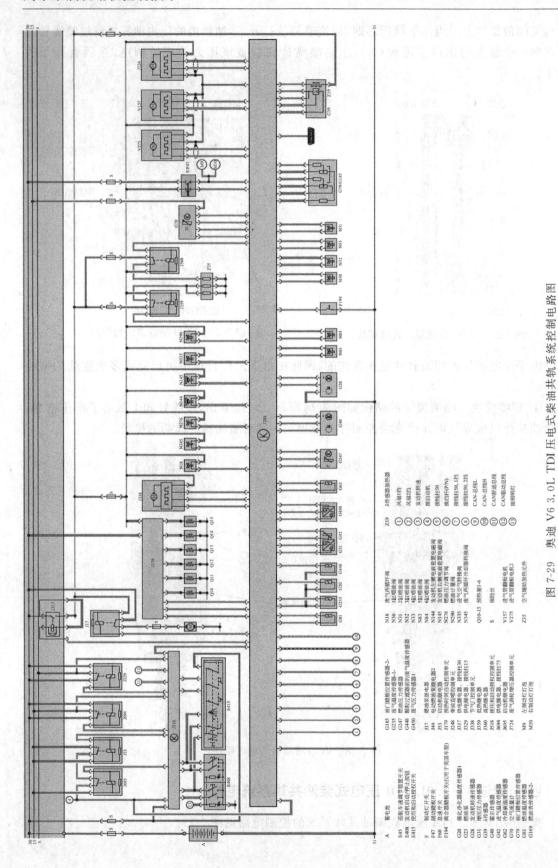

图 7-29　奥迪 V6 3.0L TDI 压电式柴油共轨系统控制电路图

复习思考题

1. 共轨式电控燃油喷射系统通常包括哪几种类型？各有何特点？
2. 高压共轨供油系统主要由哪些部件组成？
3. 简述电控高压共轨供油系统的主要特点。
4. 共轨上的流量限制器有何作用？
5. 共轨柴油机安装限压阀的作用时什么？
6. 请标注出图中各数字所代表的含义，并分别说出 1、3、4、6 所代表元件的作用。

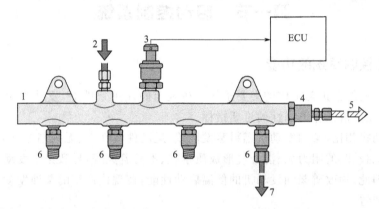

7. 请说说高压共轨系统中的调压阀（PCV 阀）和限压阀的区别。
8. 在高压共轨系统的二位二通电磁阀式喷油器中，有哪几个节流孔？它们各起什么作用？
9. 共轨柴油发动机喷油器修正码设置的目的是什么？
10. 压电式共轨系统有何优点？

第八章

柴油发动机辅助控制系统

第一节 启动控制系统

一、启动控制系统的功能

启动是发动机能否正常工作的必要条件。在规定的使用条件下,发动机能否迅速而可靠地启动,是评价发动机工作可靠性的重要指标。

与汽油发动机相比,柴油发动机燃料蒸发性差、运动件惯性大、无强制点火装置,尤其在低温条件下,由于启动时的阻力大、混合气形成质量差、不易着火等,导致柴油发动机比汽油发动机启动困难。因此,为改善柴油发动机的低温启动性能,在现代汽车的柴油发动机上都普遍采用了辅助启动装置。

启动控制系统的功能包括启动时的燃油喷射控制、进气控制、增压控制和辅助启动装置控制等,在此主要介绍柴油发动机特有的辅助启动装置控制,其它控制都是按预存程序和与其它工况下相同的控制方法进行。

二、柴油发动机启动预热装置

柴油发动机特有的辅助启动装置主要是为改善低温时着火条件而采用的启动预热装置。其主要措施有进气预热、燃烧室预热、冷却液预热和柴油预热等。

目前,柴油发动机应用最广泛的启动预热措施是进气预热(如图8-1所示)和燃烧室预热(如图8-2所示),其次是冷却液预热。三者不同的只是预热装置的安装位置和加热对象;进气预热装置安装在进气管内,对进入气缸前的空气进行预热;燃烧室预热装置安装在燃烧室内,对进入气缸的空气和燃油进行预热;而冷却液预热装置则安装在冷却系统中,对冷却液进行预热。

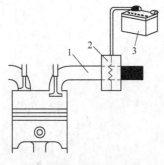

图8-1 进气预热系统

1—进气管;2—预热装置;3—蓄电池

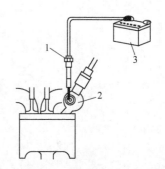

图8-2 燃烧室预热系统

1—预热塞;2—燃烧室;3—蓄电池

1. 进气预热装置

在进气预热装置中,按照预热方式的不同可分为火焰预热和电预热两种类型。

（1）火焰预热装置

火焰预热装置（如图 8-3 所示）只适用于进气预热,它安装在柴油发动机进气管中,利用燃料燃烧放出的热量对进气管中的空气进行加热。

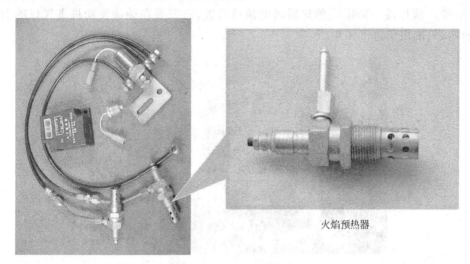

火焰预热器

图 8-3 火焰预热器组件

火焰预热装置通常称为火焰预热器,其结构如图 8-4 所示。火焰预热器所需的燃油通常由燃油喷射系统中的低压输油泵供给,并用电磁阀控制向火焰预热器供油的油路,电磁阀电路则由 ECU 或温控开关控制。在预热器进油口中装有滤网和计量孔,滤网可防止燃油中的杂质进气入预热器,计量孔用来限制供给预热器的油量。炽热塞位于火焰预热器的中部,通电 60～90s,炽热塞头部的温度就可达到 1000℃以上。蒸发管围绕在炽热塞外部,供给预热器的燃油经计量孔流入蒸发管,进气管中的部分空气则经蒸发管滤网进入蒸发管,在蒸发管中燃油与空气混合,并在炽热管头部被点燃,燃烧放出的热量对进气管中的空气加热。

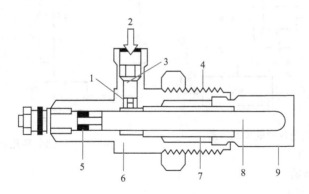

图 8-4 火焰预热器

1—计量孔;2—进油口;3—进油滤网;4—螺纹;5—密封圈;
6—壳体;7—蒸发管;8—炽热塞;9—火焰罩

柴油发动机低温启动后,或启动时的温度较高时,由温控开关或 ECU 切断火焰预热器供油油路中的电磁阀电路及炽热管电路。

（2）电预热装置

由于火焰预热器工作时,消耗发动机进气管中的氧气并产生废气,其预热效果必然受到限制。因此,既适用进气预热,又适用燃烧室预热和冷却液预热的电预热装置,作为柴油发动机辅助启动装置应用更广泛。

① 格栅式预热器　格栅式预热器属电预热装置,它安装在柴油发动机进气口的上方,如图 8-5 所示,只能用于进气预热。

图 8-5　格栅式预热器

其控制原理如图 8-6 所示,ECU 依据进气温度、冷却液温度等信号控制预热器的通电加热时间。

② 电热管预热器　电热管预热器与格栅式预热器的工作原理一样,都属于电预热装置,它安装在柴油发动机进气管的底座上,如图 8-7 所示,只适用于进气预热。

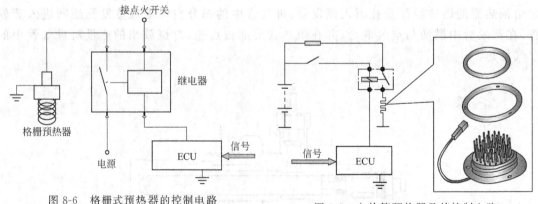

图 8-6　格栅式预热器的控制电路

图 8-7　电热管预热器及其控制电路

2. 燃烧室预热装置

（1）电热塞的结构

燃烧室预热装置大都采用电预热,其预热装置通常称为电热塞,也称预热塞。电热塞都安装在发动机的气缸盖上(燃烧室),主要由电源连接头、壳体和加热端三部分组成,如图 8-8 所示。

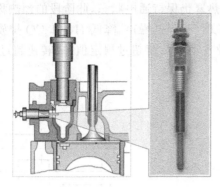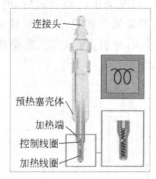

连接头

预热塞壳体

加热端

控制线圈

加热线圈

图 8-8　电热塞及其安装位置

电热塞的具体结构如图 8-9 所示。电热塞的线圈和绝缘的氧化镁填料一起封装在耐高温、耐腐蚀的散热钢套内,散热钢套则压装在电热塞壳体中。电热塞的线圈由两部分构成,一个是位于电热塞头部的加热线圈,另一个则是与加热线圈串联的控制线圈。控制线圈具有正温度系数特性,即其电阻值随温度的提高而增大,随温度的降低而减小;电热塞电源电压一定时,温度越低,控制线圈电阻值越小,流过控制线圈和加热线圈的电流就越大,加热线圈的温度升高快;而温度较高时,由于控制线圈电阻值大,减小了流过加热线圈的电流,从而限制了加热线圈的温度。

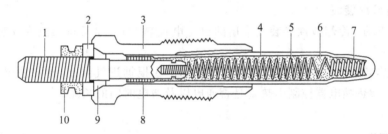

图 8-9　电热塞的结构

1—线束连接器;2—绝缘垫片;3—壳体;4—散热钢套;5—控制线圈;
6—填料;7—加热线圈;8—绝缘垫;9—密封垫;10—固定螺母

有些电热塞只有加热线圈,而没有控制线圈。二者相比,带控制线圈的电热塞预热速度快,通电 4s 后,温度即可达到 850℃以上,而不带控制线圈的电热塞需要约 1min。

（2）电热塞预热控制

电热塞启动预热控制系统的组成如图 8-10 所示。ECU 根据发动机转速信号、冷却液温度信号和点火开关信号,通过继电器控制电热塞是否通电及通电时间的长短。

以一汽大众宝来电控柴油发动机为例,当冷却液温度低于 9℃,且点火开关位于"点火接通"位置时,ECU 通过控制线使启动预热控制系统进入工作状态;当点火开关不在"点火接通"位置,或冷却液温度高于 9℃,或发动机转速高于 2500r/min 时,启动预热控制系统将停止工作。预热指示灯位于仪表盘上,点亮或熄灭由 ECU 控制;启动系统处于工作状态时,指示灯持续点亮;启动系统不工作时,指示灯持续熄灭;ECU 接收到反馈信号线返回的故障信号时,指示灯闪亮。

启动预热过程各元件的通断状态如图 8-11 所示。当点火开关接通后,若冷却液温度低于设定值,电热塞通电进行预热,同时预热指示灯点亮;当预热指示灯熄灭时,说明电热塞温度已足够,允许启动。当发动机启动着火后,电热塞仍保持通电状态,此阶段的预热称为后预热;后预热有利于柴油发动机怠速稳定、缩短暖机时间、降低噪声、降低 HC 和 CO 排放量,后预热的时间一般少于 4min;在后预热阶段,若柴油发动机负荷超过规定值(或转速超过 2500r/min),后预热也会立即终止。

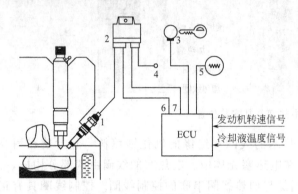

图 8-10　启动预热控制系统

1—电热塞;2—电热塞继电器;3—点火开关;

4—蓄电池正极线;5—预热指示灯;

6—控制线;7—反馈信号线

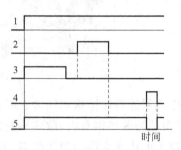

图 8-11　启动预热过程各元件的

通断状态

1—点火开关;2—启动机;3—预热指示灯;

4—负荷或转速;5—电热塞

3. 冷却液预热装置

如图 8-12 所示,冷却液预热装置采用的也是电预热方式,通常将预热塞安装在冷却液的管道(水管)上。

冷却液预热装置的控制原理如图 8-13 所示,ECU 根据进气温度、冷却液温度、发电机负荷等信号,通过预热继电器控制电热塞是否通电以及通电时间的长短。

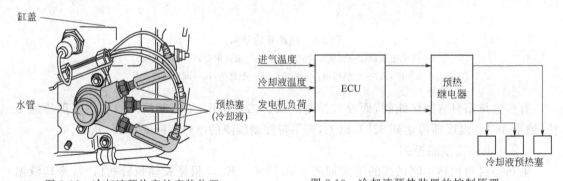

图 8-12　冷却液预热塞的安装位置　　　　图 8-13　冷却液预热装置的控制原理

第二节　怠速控制系统

一、怠速控制系统的功能

柴油发动机怠速是指加速踏板完全松开,发动机对外无功率输出并保持最低稳定转速运转的工况。在汽车使用中,发动机怠速运转的时间约占 30%,怠速转速的高低直接影响燃油消耗和排放污染。怠速转速过高,燃油消耗增多,且噪声大;怠速转速过低,CO、HC 和颗粒的排放量相对较高。因此,必须对柴油发动机的怠速转速进行控制。

在柴油发动机工作中,影响怠速转速的因素很多,如空调打开、电器负荷增大、自动变速器挂入挡位、动力转向装置工作等,均增加发动机的负载,若不适当增加循环供(喷)油量,就容易导致发动机运转不稳甚至熄火。此外,随着发动机使用时间的增长、季节的变化、燃油黏度变化等,均会引起燃料供给系统供(喷)油特性的变化,同样会导致柴油发动机怠速运转不稳甚至熄火。在柴油发动机的传统燃料供给系统中,由于无法对影响怠速的各种因素作出快速反应,只能靠对机械调速器中怠速弹簧的人工调整,使柴油发动机保持较高的怠速转速,以避免怠速不稳甚至熄火现象的发生。柴油发动机的电控系统,必须对影响怠速稳定运转的各种因素作出快速反应,并根据实际的运行工况,对怠速转速进行调节,使其保持在理想的目标转速。

柴油发动机使用中,由于燃料供给系统调整误差或零部件磨损产生的误差,均会影响各缸供(喷)油量的均匀性,尤其是怠速工况下,由于供油量少、转速低,各缸供(喷)油的不均匀,更容易导致发动机转速不稳,严重时会产生振动和噪声。为此,柴油发动机怠速时各缸供(喷)油的均匀性控制也非常必要,但这在柴油发动机的传统燃料供给系统中是无法实现的。

综上所述,柴油发动机怠速控制应包括两个内容:怠速转速控制和各缸均匀性控制。

二、　怠速转速控制

怠速转速控制的目的就是使发动机维持一定转速稳定运转。其控制过程是:当发动机负载增加时,适当增大发动机负荷,使之发出较大功率,以防止怠速转速低于目标转速甚至熄火;当发动机负载减小时,则适当减小发动机负荷,使之发出功率减小,以防止怠速转速过超过目标转速。怠速转速的控制过程是根据发动机负载的变化,通过调节发动机负荷来实现的。由于柴油发动机与汽油发动机的负荷调节的方法不同,柴油发动机为混合气浓度(质)调节,汽油发动机为混合气量(量)调节,所以柴油发动机的怠速转速控制与汽油发动机也有着本质的区别,汽油发动机怠速转速控制是通过控制其怠速时的进气量来实现的,而柴油发动机怠速转速控制则是通过控制循环供(喷)油量来实现。

供(喷)油量控制是柴油发动机电控燃油喷射系统最主要的功能之一。在电控柴油发动机上,怠速控制系统与电控燃油喷射系统合二为一,都是由ECU根据发动机转速信号、加速踏板位置信号和内存控制模型来确定基本供(喷)油量,再根据冷却液温度信号、进气温度信号、启动开关信号、空调开关信号、供(喷)油量反馈信号等对供(喷)油量进行修正。

三、　各缸均匀性控制

各缸均匀性控制的目的是尽量缩小同一工作循环各缸供(喷)油量的差值,以保持发动机怠速运转稳定和减轻振动。

各缸均匀性控制是通过对各缸供(喷)油量的瞬时调节来实现的。柴油发动机怠速工况时,ECU根据各缸做功行程时的转速传感器信号,确定各缸供(喷)油量的偏差,然后进行补偿调节。除采用"位置控制"方式的电控燃油喷射系统外,均可实现各缸均匀性控制的功能。

第三节　进气控制系统

随着汽车技术的不断发展。柴油发动机在进气方面的控制也日新月异,目前,应用在柴油发动机上的进气控制系统主要包括:进气节流控制系统、进气涡流控制系统和气门驱动控制系统。这其中,气门驱动控制系统与电控汽油发动机相同,也都包含了 VVT-i(智能型可变气门正时系统)、VTEC(可变气门升程控制)等不同的类型,控制原理也基本相同,在此不做赘述。

一、进气节流控制系统

1. 进气节流控制系统的功能

与过去传统的柴油发动机不同,在现代汽车的电控柴油发动机上,一般都会采用进气节流控制系统。其功能主要体现在以下几个方面:

① 控制进气量和进气管压力,保证混合气浓度符合不同负荷时的要求:如果没有节流控制,在怠速或小负荷时,会因循环供油量小、进气量大而导致混合气过稀。

② 保证低转速时能够正常进行废气再循环:如果没有节流控制,在低速会因为进气管绝对压力较高(真空度较低)而使 EGR 系统无法正常工作。

③ 保证发动机平稳熄火:柴油发动机有很高的压缩比,如点火断开时,仍像正常运转时一样吸入空气,发动机将抖动。

2. 进气节流控制的方法

柴油发动机实现进气节流控制的方法就是在进气道中安装一个节气门,并由电控执行元件根据 ECU 的指令控制节气门的开度,以控制进气量和进气管压力。进气节流控制系统一般只在低速小负荷工况时才工作,节气门的开度一般利用直流电动机或电控气动装置来控制。

如图 8-14 所示为直流电动机型进气节流控制系统。ECU 根据加速踏板位置传感器和发动机转速传感器信号,通过直流电动机直接开启或关闭节气门。大众捷达 SDI 电控柴油发动机就采用了这种类型的进气节流控制系统。

图 8-15 所示为电控气动型进气节流控制系统。通常情况下,进气控制电磁阀不通电,真空膜片气室的真空通道被电磁阀关闭,节气门处于开启状态;当进气控制电磁阀通电时,电磁阀开启真空膜片气室的真空通道,真空膜片气室通过拉杆驱动节气门关闭。大众宝来 TDI 电控柴油发动机即采用此类型的进气节流控制系统,如图 8-16 所示。其工作过程是:如果发动机熄火,发动机控制单元 J248 发送一个信号给翻板转换阀,转换阀接通真空箱真空,切断进气。结果只有少量空气被压缩,发动机平稳运转直至停止。节气门只在发动机熄火时关闭约 3s,然后再开启,目的是停止空气供给,使发动机熄火更柔和。如果信号失效或进气歧管翻板转换阀失效,进气歧管翻板将保持在打开状态。

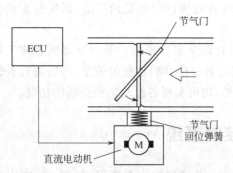

图 8-14 直流电动机型进气节流控制系统

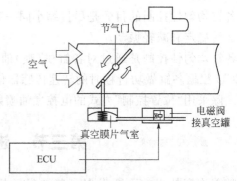

图 8-15 电控气动型进气节流控制系统

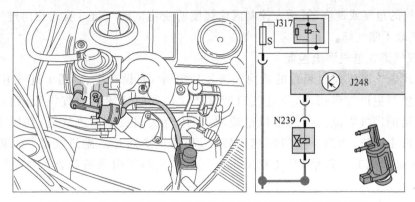

图 8-16　宝来 TDI 柴油发动机的电控气动型进气节流控制系统

二、进气涡流控制系统

1. 进气涡流控制系统的功能

由于柴油的性质和柴油发动机直接喷射的工作特点,决定了柴油发动机对气缸内空气涡流有较高要求,以改善其混合气形成和燃烧的条件。柴油发动机气缸内的空气涡流主要包括进气道产生的进气涡流、燃烧过程产生的燃烧涡流和压缩过程产生的挤压涡流,进气涡流的强弱对混合气的形成和燃烧具有很大的影响,因而对柴油发动机的动力性、经济性、排放和噪声等有很大的影响。

与汽油发动机相比,柴油发动机需要较强的涡流,但也并不是涡流越强、性能越好。在进气道结构一定的情况下,由进气道产生的进气涡流随柴油发动机转速升高而增强,当转速升高到一定程度时,由于进气涡流过强,反而会使充气效率降低,燃烧速度过快,导致柴油发动机的动力性和经济性下降,排放污染增加,噪声增大;柴油发动机在低速运转时,由于进气涡流较弱,会使混合气形成不良,燃烧速度过慢,导致柴油发动机热效率降低,排气烟度增加。由此可见,为改善柴油发动机的性能,根据柴油发动机转速的变化适当调节进气涡流的强度非常必要。

在一定转速下,进气涡流的强度主要取决于进气道的结构,一定结构的进气道,只能适应某一转速对进气涡流强度的要求。柴油发动机工作中,转速变化的范围非常大,仅用机械控制方法很难实现随转速变化调节进气涡流强度。为优化柴油发动机的混合气形成和燃烧过程,现代汽车柴油发动机的进气涡流控制系统,就是利用电控装置来改变进气道结构或干扰进气道中的气流运动,从而实现进气涡流控制的。

2. 进气涡流控制方法

进气涡流的控制方法有多种,但无论采用哪一种方法,都应保证在不降低进气流量的前提下,能在较大范围内调节进气涡流强度,并尽量减少对进气系统结构的改变。

（1）喷气式进气涡流控制

喷气式进气涡流控制是通过向进气道喷入空气对进气流进行干扰来降低进气涡流强度。此方法对进气系统结构改动小,对充气效率影响小,控制系统简单,容易实现。

喷气式进气涡流控制装置如图 8-17 所示。喷气孔布置在进气道下方,当发动机低速工作时,喷气孔关闭,原有进气道可以产生较强的进气涡流;发动机高速工作时,喷气孔开启并向进气道喷入空气,喷入的空气与进气道的空气流相撞,使进气涡流强度降低。通过改变由喷气孔向进气道喷气的角度或速度,可增大控制涡流强度的变化范围。通过喷气孔向进气道喷入的空气,一般来源于储气筒。

（2）双气道式进气涡流控制

双气道式进气涡流控制装置的结构如图 8-18 所示,它设有主、副两个进气道,副进气道以一定的角度与主进气道相连,主进气道能够产生低速时所需强进气涡流,副进气道用于控制主进气道的进气涡流。当发动机低速时,利用转换阀关闭副进气道,利用主进气道产生强度较大的主涡流;而当发动机高速运转时,利用转换阀开启副进气道,主、副两个气道进气,既能保证较高充气效率,又能利用副进气道产生的反向涡流降低主进气道进气涡流的强度。

图 8-17　喷气式进气涡流控制装置
1—进气道;2—喷气孔;3—气缸

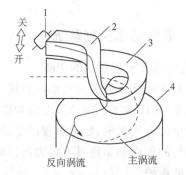

图 8-18　双气道式进气涡流控制装置
1—转换阀;2—副进气道;3—主进气道;4—气缸

采用双气道式进气涡流控制装置,通过改变转换阀的开度,即可实现对进气涡流强度控制的连续性。其缺点是进气系统结构改动大。

（3）气道分隔式进气涡流控制

气道分隔式进气涡流控制是利用水平放置的隔板将进气道分成上、下两层,类似汽油发动机的动力阀控制系统,通过改变进气道流通截面的方法,来调节进气流的速度,从而改变进气涡流的强度。这种方法虽然简单,但对充气效率影响大。

气道分隔式进气涡流控制装置如图 8-19 所示。发动机低速运转时,控制阀关闭上层进气道,进气道流通截面变小,进气流速度提高,进气涡流增强;发动机高速运转时,控制阀则开启上层进气道,两层气道进气使进气道流通截面增大,进气流速度降低,进气涡流减弱。此种方法虽然简单,但低速时对充气效率影响大。

（4）导气屏式进气涡流控制

导气屏实际就是导向叶片,它安装在进气门上,并可绕气门旋转,如图 8-20 所示。气缸进气时,利用导向叶片对进气流的导向作用,在气缸内产生绕气缸轴线旋转的进气涡流,进气涡流的强度取决于导向叶片的包角和方位角,改变导向叶片的包角或方位角,均可调节进气涡流的强度。

导气屏式进气涡流控制装置的结构复杂,制造成本高,气门容易磨损,且会增大进气阻力,但调整比较方便,常用在试验单缸机上,为新气道的设计提供参考数据。

（5）旁通气道式进气涡流控制

旁通气道式进气涡流控制与气道分隔式基本相同,它是利用从气道上部凸出到下部的隔板将气道分为螺旋气道和旁通气道,并利用旁通阀关闭或开启旁通气道,来改变进气流通截面大小,从而实现对进气涡流的控制。旁通气道式进气涡流控制装置如图 8-21 所示。采用此方法控制进气涡流,缺点是气道内隔板固定困难,而且由于隔板和旁通阀的存在,会影响充气效率。

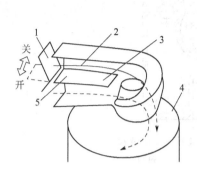

图 8-19　气道分隔式进气涡流控制装置
1—控制阀;2—上层进气道;3—下层进气道;4—气缸;5—隔板

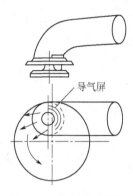

图 8-20　导气屏式进气
涡流控制装置

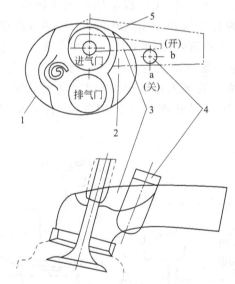

图 8-21　旁通气道式进气涡流控制装置
1—气缸;2—旁通气道;3—隔板;4—旁通阀;5—螺旋气道

（6）气道转换式进气涡流控制

气道转换式进气涡流控制装置如图 8-22 所示,挡块将进气道分为螺旋气道(左侧)和直气道(右侧),在两气道下部会合处设有气道转换阀,在螺旋气道内装有一个节流阀。发动机高速时,利用转换阀关闭能产生较强涡流的螺旋气道,由直气道进气,进气涡流较弱;中等转速时,利用转换阀关闭直气道,由能产生较强涡流的螺旋气道进气,进气涡流较强;低速时,利用转换阀关闭直气道,节流阀也部分关闭,由于节流阀使进气流通截面变小,且由能产生较强涡流的螺旋气道进气,所以能产生很强的进气涡流。

气道转换式进气涡流控制是在不同转速下,通过不同的气道进气实现进气涡流控制的。

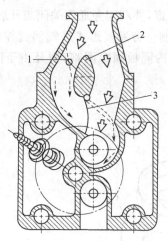

图 8-22　气道转换式进气涡流控制装置

1—节流阀；2—挡块；3—气道转换阀

3. 进气涡流控制系统的组成

如图 8-23 所示为日本五十铃 6SDI-TC 柴油发动机进气涡流控制系统的组成。该系统采用喷气式进气涡流控制方法，由 ECU 根据柴油发动机转速和加速踏板位置信号，通过一个电磁阀和一个气动膜片阀来控制喷气孔的开闭，调节由储气筒经喷气孔喷入进气道的压缩空气量，实现对进气涡流强度的控制。柴油发动机转速较高，进气涡流过强时，ECU 发出指令，电磁阀通电接通气动膜片阀的气压通道，使气动膜片阀开启喷气孔，同时来自储气筒的压缩空气经喷气孔喷入进气道，以抑制进气涡流强度；反之，柴油发动机转速较低，进气涡流较弱时，气动膜片阀则关闭喷气孔，停止向进气道喷气，以增强进气涡流。

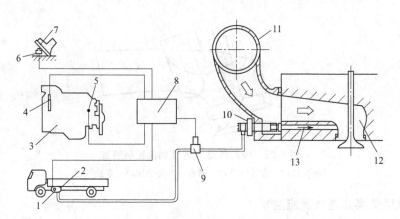

图 8-23　进气涡流控制系统的组成

1—空气压力传感器；2—储气筒；3—发动机；4—转速传感器；5—冷却液温度传感器；

6—加速踏板位置传感器；7—加速踏板；8—ECU；9—电磁阀；10—气动膜片阀；

11—进气管；12—进气道；13—喷气孔

当 ECU 根据冷却液温度传感器信号确定柴油发动机的温度低于正常工作温度时，即使发动机处于启动或怠速这样的低速工况，进气涡流控制系统也保持向进气道喷气，以降低进气涡流强度的工作状态，这样可减少由于气缸内气流运动引起的散热损失，从而改善柴油冷启动性能和缩短暖机时间,也有利于减轻柴油发动机低温时冒白烟的现象。

日本五十铃 6SDI-TC 柴油发动机进气涡流控制系统中,采用的电磁阀为二位二通开关型电磁阀,只有开或关两种状态,这使其对进气涡流的控制也只有强、弱两个变化,若采用占空比控制型电磁阀或步进电动机控制,即可实现气动膜片阀开度由最小到最大开度的连续变化,从而实现对进气涡流强度的连续控制。

第四节　增压控制系统

增压,就是利用专门的装置将空气预先进行压缩,再送入气缸的过程。尽管发动机气缸的工作容积不变,但因增压后每个循环进入气缸的气体密度增大,使实际充气量增加,这样可以向缸内喷入更多的燃料并保证充分的燃烧。采用增压的目的不仅是提高发动机的升功率或进行高原补偿,更重要的是还能降低燃油耗率、降低排放污染和减小噪声。增压有废气涡轮增压、机械增压、气波增压、复合增压等多种方式,现代汽车发动机多采用废气涡轮增压的方式,这是因为采用废气涡轮增压,不仅能够充分利用废气能量,提高发动机热效率,同时由于废气涡轮使排气背压提高,有利于降低排气噪声,也有利于废气中 HC 和 CO 在排气管内的继续燃烧。

一、机械增压系统

1. 基本原理
机械增压系统的主要部件是机械增压器,它通常安装在发动机缸体的侧面,如图 8-24 所示,是由发动机曲轴经齿轮增速器驱动,或由曲轴齿形传动带轮经齿形传动带及电磁离合器进行驱动的,如图 8-25 所示。

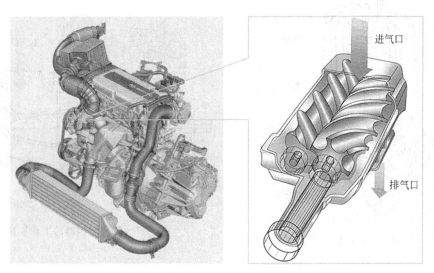

进气口

排气口

图 8-24　(蜗杆式)机械增压器及安装位置

2. 系统特点
机械增压系统的优点是能够有效地提高发动机功率,与涡轮增压相比,其低速增压效果更好;与发动机容易匹配,结构也比较紧凑。不足之处是由于驱动增压器需要消耗发动机的功率,因此燃油消耗率比非增压发动机略高。

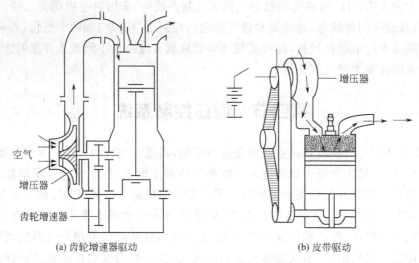

(a) 齿轮增速器驱动　　　　　　　　　　　(b) 皮带驱动

图 8-25　机械增压器的驱动形式

二、气波增压系统

1. 基本工作原理

气波增压器安装在发动机的进气管与排气管路之间,如图 8-26 所示,发动机的曲轴经传动带驱动气波增压器转子,增压器利用排气压力波使进入到进气管中的空气受到压缩,以提高进气压力,其工作原理如图 8-27 所示。

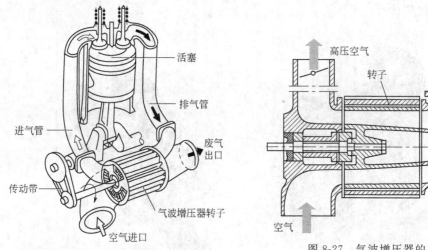

图 8-26　气波增压器的位置及驱动方式

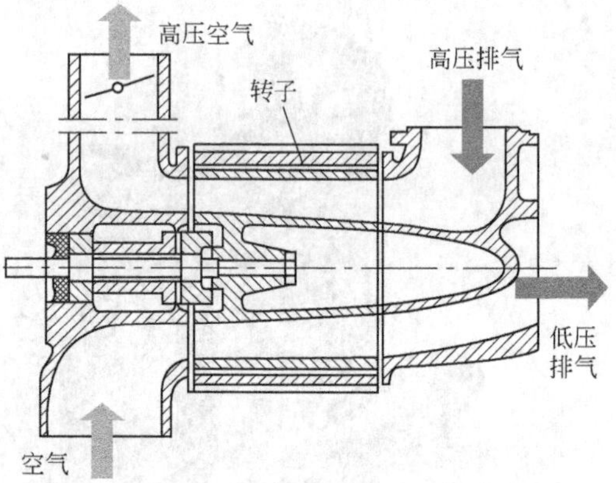

图 8-27　气波增压器的工作原理

2. 系统特点

气波增压系统的优点是结构简单,加工方便,工作温度不高,不需要耐热材料,无需冷却;与涡轮增压相比,其低速转矩特性好。不足之处是体积大,噪声水平高,安装位置受到一定的限制。这种增压器目前只能在低速范围内使用,多用于柴油发动机上。

三、废气涡轮增压系统

1. 基本工作原理

常用的废气涡轮增压系统如图 8-28 所示，主要由空气滤清器、废气涡轮增压器、中冷器等组成。废气涡轮增压器主要由涡轮和压气机两部分组成，涡轮与压气机的叶轮安装在同一轴上；涡轮的进气口与柴油发动机排气管相连，出气口与排气消声器相连；压气机的进气口前端装有空气滤清器，出气口则经中冷器与进气管相连。

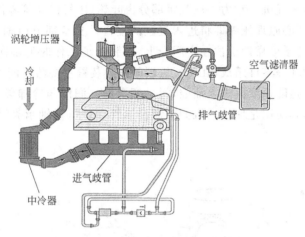

涡轮增压器
冷却
空气滤清器
排气歧管
进气歧管
中冷器

图 8-28　废气涡轮增压系统的组成

发动机工作时，由排气管排出的高温、高压废气流经增压器的涡轮壳，在废气进入涡轮壳时利用废气通道截面的变化（由大到小）来提高废气的流速，使高速流动的废气按一定方向冲击涡轮，并带动压气机叶轮一起旋转。同时，经空气滤清器滤清后的空气被吸入压气机壳，旋转的压气机叶轮将进入压气机壳的空气甩向叶轮边缘出气口，使空气的压力和流速升高，并利用压气机出气口处通道截面的变化（由小到大）进一步提高空气压力，增压后的空气经中冷器和进气管进入气缸。

中冷器全称为中间冷却器，其功用是使增压后的空气进入气缸前，进行中间冷却，以降低进气温度。这是因为空气经增压后温度会升高，空气的密度并不能随其压力成正比增加，适当对增压后的空气进行冷却，可进一步提高发动机的进气量。

2. 系统特点

废气涡轮增压系统的结构和工作原理决定了它如下的特点：

① 增压器与发动机只有气体管路连接而无机械传动，因此增压方式结构简单，不需要消耗发动机的功率。

② 在发动机重量及体积增加很少的情况下，发动机结构无需做特别的改动，便很容易提高功率 $20\% \sim 50\%$。

③ 由于废气涡轮增压回收了部分能量，故增压后发动机经济性也有明显提高，再加上相对减小了机械损失和散热损失，提高了发动机的机械效率和热效率，使发动机涡轮增压后燃油消耗率可降低 $5\% \sim 10\%$。

④ 涡轮增压发动机对海拔高度变化有较强的适应能力，因此装有废气涡轮增压车在高原地区具有明显的优势。

⑤ 涡轮增压可大幅度地降低有害气体的排放和噪声水平。

⑥ 涡轮增压的缺点是低速时转矩增加不多，而且在发动机工况发生变化时，瞬态响应差，致使汽车加速性，特别是低速加速性较差。不过，随着涡轮增压控制技术的不断完善，这些不足已经得到了有效的改善。

3. 废气涡轮增压器

废气涡轮增压器的结构如图 8-29 所示，其组成可分为五部分：涡轮、压气机、支承装置、密封装置、润滑与冷却装置。涡轮部分由涡轮、涡轮及叶轮轴和涡轮壳等零件组成，该部分主要利用废气能量产生驱动压气机的动力。压气机部分由叶轮、压气机壳等零件组成，其功用是在废气涡轮驱动下，利用离心原理压缩即将进入气缸的空气。支承部分由轴承、护板、止推盘等零件组成，其功用是使转子可靠地定位在中间壳上，限制转子工作时的轴向和径向活动范围。密封装置由油封和气封环等零件组成，在压气机端的密封装置主要防止润滑油进入压气机，在涡轮端的密封装置主要是防止废气进入油腔，污染润滑油。润滑与冷却装置主要由轴承壳和进、出油管等零件组成，其功用是使发动机润滑油经油管和增压器轴承壳进行循环，对增压器进行润滑和冷却。

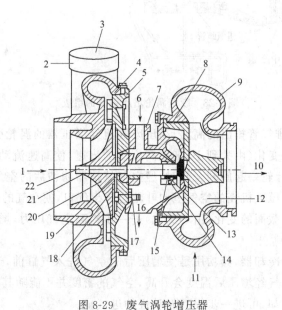

图 8-29 废气涡轮增压器

1—空气入口；2—压气机壳；3—空气出口；4—V 形卡环；5—后板；

6—机油进口；7—中间壳；8—护板；9—涡轮壳；10—排气出口；

11—排气进口；12—涡轮；13—增压器浮动轴承；14—轴承壳；

15—卡环；16—机油出口；17—止推盘；18—止推环；19—油封；

20—压气机叶轮；21—固定螺母；22—涡轮及叶轮轴

增压器中采用的支承轴承为浮动轴承，因为增压器转子的转速很高，每分钟上万转甚至数十万转，若采用普通的非浮动轴，轴承磨损很快，使用寿命很短。浮动轴承是指轴与轴承及轴承与轴承座孔之间均有一定的间隙，增压器工作时，具有一定压力的润滑油进入轴承的内外间隙，使轴承在内外两层油膜之间随转子转动，但轴承的转速比转子低得多，从而使轴承与轴和轴承孔的相对速度大大降低。与普通的滑动轴承相比，浮动轴承具有工作温度低、摩擦损失少、工作可靠及拆装方便等优点。

4. 增压控制系统的功能

废气涡轮增压器是靠废气排出时的能量来驱动的,而废气排出时的能量主要取决于发动机排出的废气流速。随着发动机转速的提高,废气流速提高,使废气涡轮增压器的转速提高,增压压力增高;反之,随发动机转速降低,废气涡轮增压器的增压压力会减低。由于汽车发动机的转速变化范围大,废气涡轮增压器的工作特性难以在各种工况下均与发动机实现良好的匹配,如:发动机低速且大负荷时,会因增压压力低导致进气量不足,造成发动机燃烧不完全、冒黑烟、动力性和经济性下降等后果;反之,当发动机高速大负荷时,容易造成增压器超速、燃烧压力过高等不良后果。

由此可见,根据发动机工况变化,控制增压压力非常重要。增压控制系统的功能就是根据发动机工况变化,通过调节增压压力,进一步优化发动机的性能。此外,部分发动机还设有增压空气循环控制系统,该系统是通过将压气机出气口与进气口连通使增压空气循环的方法,控制供给发动机的增压空气量,以避免发动机在急减速工况时,废气涡轮增压器内部产生气体冲击,同时也可在转速过高(超过规定转速)或小负荷时,降低进气噪声和燃油消耗。

5. 增压压力控制系统

增压器的增压压力取决于其转速,而在发动机转速和负荷一定时,废气涡轮增压器的转速与废气流经涡轮的速度有关。因此,改变废气流经涡轮的速度即可实现对增压压力的控制。

增压压力的控制方式主要有旁通阀式、节流阀式和可调叶片式三种类型。

（1）旁通阀式增压控制

旁通阀式增压控制就是利用旁通阀控制流经涡轮的废气量,以此来改变废气流经涡轮的速度,从而实现对增压压力的控制。

旁通阀式增压控制系统的组成如图 8-30 所示。旁通阀受驱动气室的控制,ECU 控制的电磁阀安装在增压器压气机出口与驱动气室之间的高压空气管中,电磁阀控制进入驱动气室的气体压力。ECU 将增压压力传感器检测到的实际增压压力与内存的目标值进行比较,当实

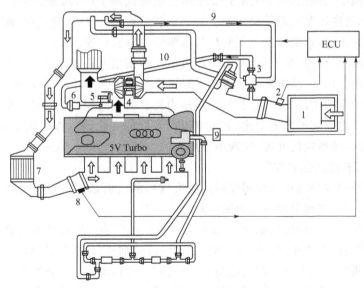

图 8-30 旁通阀式增压压力控制系统

1—空气滤清器;2—空气流量计;3—增压压力控制电磁阀;4—废气涡轮增压器;5—旁通阀;
6—驱动气室;7—中冷器;8—增压压力传感器;9,10—高压空气管

际增压压力低于目标时,ECU 控制的电磁阀搭铁回路断开,电磁阀关闭通往驱动气室的高压空气管路,驱动气室驱动旁通阀关闭废气旁通口,使废气流经增压器,废气涡轮增压器工作;当实际增压压力高于目标时,ECU 控制的电磁阀搭铁回路接通,电磁阀开启通往驱动气室的高压空气管路,驱动气室驱动旁通阀开启废气旁通口,由于废气经旁通口排出,废气涡轮增压器停止工作。

旁通阀式增压压力控制装置如图 8-31 所示。当电磁阀关闭高压空气管路时,膜片左侧无空气压力,弹簧推动膜片向左移动,并通过膜片拉杆和控制杆驱动旁通阀向右关闭废气旁通口;当电磁阀开启高压空气管路时,来自压气机出口的高压空气作用在膜片上,使膜片压缩膜片弹簧向右移动,并通过膜片拉杆和控制杆驱动旁通阀向左开启废气旁通口。

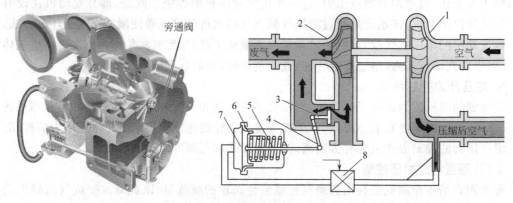

图 8-31　旁通阀式增压压力控制装置

1—压气机;2—涡轮;3—旁通阀;4—控制杆;5—膜片拉杆;6—膜片弹簧;7—膜片;
8—增压压力控制电磁阀

增压压力控制电磁阀的结构如图 8-32 所示。电磁阀断电时,阀被弹簧推至下端,低压空气侧管口被关闭,而高压空气侧管口与通驱动气室管口连通;电磁阀通电时,阀被电磁力吸起,高压空气侧管口被关闭,而低压空气侧管口与通驱动气室管口连通。

在旁通阀式增压压力控制系统中,可采用占空比控制型电磁阀取代开关型电磁阀,实现增压压力的连续控制。ECU 根据柴油发动机负荷信号和转速信号,按预存的增压压力控制模型确定此负荷和转速下的增压压力,将其与增压压力传感器检测到的实际增压压力进行比较,并根据比较结果调节电磁阀通电占空比,通过电磁阀开度的变化调节作用在驱动气室膜片上的空气压力,从而调节旁通阀的开度,实现增压压力的连续控制。

（2）节流阀式增压压力控制

节流阀式增压控制是利用节流阀控制涡轮进气口的流通截面,通过此种方式来改变废气流经涡轮的速度,最终实现对增压压力的控制。

节流阀式增压压力控制装置如图 8-33 所示。节流阀安装在增压器的涡轮进口处,当发动机低速时,节流阀关闭以减小涡轮进口截面,使废气流速加快,增压器转速提高,以避免低速时增压压力不足的现象。当发动机转速较高时,节流阀开启以增大涡轮进口截面,使废气流速减慢,以防止高速时增压器超速现象。节流阀的开启或关闭,由电磁阀和驱动气室来控制,其控制原理与前述旁通阀控制基本相同。

（3）可变截面式增压压力控制

可变截面式涡轮增压(器),简称 VGT(全称 Variable Geometry Turbo-compressor),是利

用可调叶片来控制涡轮受力的有效截面,以此来改变废气流经涡轮的速度,最终实现对增压压力的控制。因此,可变截面式增压压力控制系统也称为可调叶片式增压压力控制系统。

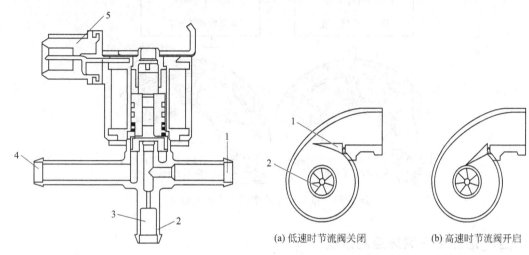

图 8-32 增压压力控制电磁阀

1—通驱动气室管口;2—低压空气侧管口;

3—阀;4—高压空气侧管口;5—线束连接器

图 8-33 节流阀式增压压力控制装置

1—增压器涡轮;2—节流阀

如图 8-34 所示为奥迪轿车采用的可调叶片式增压压力控制系统。

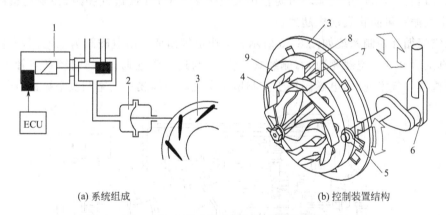

(a) 系统组成　　　　　　　(b) 控制装置结构

图 8-34 可调叶片式增压压力控制系统

1—控制电磁阀;2—驱动气室;3—调整环;4—可调叶片;5—调整环拨销;

6—控制连杆;7—叶片轴;8—叶片拨销;9—支撑环

调整环安装在增压器的涡轮壳上,与可调叶片和轴制成一体的叶片拨销位于调整环相应的卡槽内,叶片轴由支撑环支撑,调整环转动时,即可通过相应的卡槽驱动叶片拨销和叶片一起转动,从而改变叶片角度。控制连杆通过调整环拨销相应的卡槽驱动调整环转动,而控制连杆的转动则由 ECU 通过电磁阀和驱动气室来控制。控制电磁阀采用占空比控制型,但只有 4 个位置变化,相应的可调叶片也有 4 个角度位置,能够对废气涡轮增压器实现四级转换控制。

可调叶片式增压压力控制的原理如图 8-35 所示。发动机低速时,ECU 通过电磁阀和驱动气室控制调整环转动,使可调叶片角度减小,由于废气经过可调叶片流向涡轮时的通道截面变小,使废气流速加快,而且废气冲击涡轮叶片的外边缘,也增大了涡轮驱动力矩,所以废气涡轮增压器转速较高,增压压力相对提高。反之,可调叶片角度增大时,增压压力则相对减小。

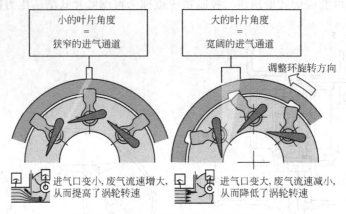

图 8-35　可调叶片式增压压力控制原理

四、增压空气循环控制系统

增压空气循环是指将压气机压缩后的空气重新引回到压气机进气口,增压空气循环控制系统主要是根据发动机转速和负荷的变化,控制增压空气循环量,以调节供给发动机的增压空气量。在发动机转速突然降低时,增压空气循环可避免废气涡轮增压器产生气体冲击;发动机小负荷工况运转时,增压空气循环可防止供气量过多,并可降低进气噪声;在发动机高速运转时,增压空气循环可防止发动机超速。

增压空气循环控制系统如图 8-36 所示。增压空气循环控制电磁阀为三通阀,左侧经真空管 14 和真空管 9 与真空罐相通,右侧经真空管 13 与进气管连通,下部则经真空管 12 与增压空气循环阀膜片气室连通,电磁阀用于控制增压空气循环阀膜片气室与真空罐或进气管相通。

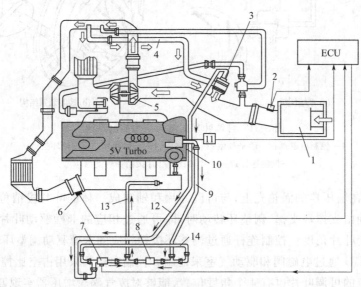

图 8-36　增压空气循环控制系统

1—空气滤清器;2—空气流量计;3—空气循环控制阀;4—空气循环管;5—压气机;
6—增压压力传感器;7—空气循环控制电磁阀;8—单向阀;9、12、13、14—真空管;
10—真空罐;11—转速传感器

发动机在正常工况下工作时,增压空气循环控制电磁阀不通电,增压空气循环阀膜片气室与真空罐之间的真空管路不通,此时,利用进气管真空度通过真空管 13、空气循环控制电磁阀 7、真空管 12 控制增压空气循环(真空通路见图中小箭头所示方向);随发动机转速提高,进气管真空度增大,增压空气循环控制阀开度增大,增压空气循环量增多,从而使供给发动机的增压空气量受到限制;反之,随发动机转速降低,进气管真空度减小,增压空气循环量减少,从而可防止低速时供气量不足。增压空气循环是经增压空气循环管 4 和空气循环控制阀 3 进行的(图中大箭头所示方向)。在进气管真空管 13 与真空管 9 之间装有单向阀 8,利用进气管真空度吸出真空罐内空气,使真空罐内保持一定的真空度。当发动机转速突然降低、或负荷很小、或转速过高时,ECU 接通增压空气循环控制电磁阀的电路,电磁阀通电后,使增压空气循环阀与进气管之间的真空通路关闭,而利用真空罐中的真空经真空管 9、真空管 14、空气循环控制电磁阀 7、真空管 12 强制开启增压空气循环阀,此时由于真空罐中的真空度较大,所以增压空气循环阀达到最大开度;此时,增压后的空气压力因循环而得到全部释放,供往发动机气缸的空气几乎没有增压效果。

第五节　排放控制系统

随着世界各国对排放法规要求的日益严格,用于抑制汽车排放污染的控制技术也层出不穷。本节将针对车用柴油发动机上典型排放控制系统分别予以介绍。

一、柴油发动机排放控制技术

1. 柴油发动机排放污染物

车用柴油发动机的排放污染物主要有 HC(碳氢化合物)、CO(一氧化碳)、CO_2(二氧化碳)、NO_X(氮氧化合物)、PM(颗粒物)和 SO_X(硫氧化合物)。

① HC:它是未燃和未完全燃烧的燃油、润滑油及其裂解和部分氧化的产物,如烷烃、烯烃、芳香烃、醛等。烷烃基本上无味,对人体健康不产生直接影响,但对人体的呼吸道、血液和神经系统等产生造成间接的危害。

② CO:它是发动机内不完全燃烧的产物,是一种无色无味的有毒气体。

③ CO_2:它是发动机排放物中含量最多的物质,目前虽未列入控制项目,但由于它是导致全球温室效应的物质,已包括在环境净化所考虑的范围内。

④ NO_X:它是燃料在发动机内高温燃烧而生成的产物,发动机排放的 NO_X 绝大部分是 NO(一氧化氮),少量是 NO_2(二氧化氮)。NO_X 是形成有毒的"光化学烟雾"的主要因素之一。

⑤ PM:它是在燃烧过程中生成的颗粒状碳(干碳烟)、硫酸盐及其吸附的可溶性有机物质,直径在 $5\mu m$ 以下的 PM 可进入呼吸道,直径在 $3\mu m$ 以下的 PM 可沉积在肺细胞内,引起肺病变。

⑥ SO_X:它是燃料中的 S 燃烧后生成 SO_2 和 SO_3,能形成污染环境的酸雾,还会毒化催化转换器中的催化剂,降低净化效果。

2. 柴油发动机排放控制措施

柴油发动机与汽油发动机主要污染物排放比较如表8-1所示。柴油发动机排放控制主要是降低 NO_X 和 PM 排放,然而控制技术大多受到 NO_X 和 PM 排放量与油耗成反比关系的束缚,发动机研究者采用各种技术,如直喷化、增压中冷、高压喷射、废气再循环、电子控制、低润滑油耗等,取得了一定的效果。从降低排放的措施的发展来看,依靠单一技术同时控制几种污染物是很难实现的,目前主要是将积累的技术集结起来,在发动机功率、耐久性、紧凑型等基本性能提高的基础上,实施排放控制措施。

表 8-1 柴油发动机与汽油发动机污染物排放比较

污染物种类	柴油发动机	汽油发动机	备　注
CO/%	<0.5	<10	汽油发动机为柴油发动机的 20 倍以上
HC/10^{-6}	<500	<3000	汽油发动机为柴油发动机的 5 倍以上
NO_X/10^{-6}	1000~4000	2000~4000	二者相当
PM/(g/km)	0.5	0.01	柴油发动机为汽油发动机的 50 倍以上

控制柴油发动机 NO_X 排放的措施及其相应的技术如表 8-2 所示。控制的方法可分为两类,一是抑制它的生成,二是对排出的污染物进行后处理。NO_X 的生成速率受燃烧温度和氧浓度的影响,为了减少 NO_X 的生成,就要采取使燃烧室内温度和氧浓度降低的方法,如推迟喷油、冷却进气、废气再循环、控制喷射率、采用小喷口喷油器、延长喷射时间、引燃喷射、提高压缩比等。后处理的典型方法是采用催化净化剂使 NO_X 分解还原,常用的还原剂有氨、尿素等。

表 8-2 控制 NO_X 排放的技术措施

控　制　措　施			控　制　技　术
抑制生成措施	降低燃烧温度	推迟喷油	控制喷射时间、控制喷油规律
		控制燃烧率	引燃喷射、小喷孔喷油器、高压缩比
		进气冷却	中冷
		添加非活性物质	EGR、水喷射
	降低氧浓度	添加非活性物质	EGR、水喷射
	消除生成区	控制稀薄混合气区	控制涡流、喷油器布置在中心
后处理措施	化学处理	催化剂	催化还原
		其它	氨基酸、氨化合物
	电化学处理	电化学处理	等离子处理

控制柴油发动机 PM 排放的措施及其相应的技术如表 8-3 所示。PM 主要由干碳烟、可溶性有机物(SOF)、燃料中的硫分生成的硫酸盐及其结合水构成。硫酸盐的形成起因于燃料中的硫分,所以控制 PM 排放的措施主要是减少干碳烟和 SOF。抑制干碳烟生成的措施有采用增压和多气门技术增加吸入空气量、采用小喷孔喷油器和增加向油雾内导入的空气量、缩小燃烧室内的无效容积提高空气利用率、采用高压喷射和改进燃烧室形状从而加强紊流的形成等。此外,喷油嘴布置在燃烧室中心,使燃料均匀分散,防止局部混合气过浓,对抑制 PM 的生成非常有效。SOF 由未燃烧的燃料和润滑油产生的一些成分构成,抑制 SOF 生成措施主要是改进燃油供给系统以防止液体燃油直接进入气缸、改进曲柄连杆机构以防止润滑油窜入气缸等。

尽管控制柴油发动机 NO_X 和 PM 排放的措施很多,但在现代汽车柴油发动机上,主要以 EGR 技术、催化转化技术和过滤技术作为降低 NO_X 和 PM 排放的主要技术。此外,集催化转化技术与过滤技术于一体,同时降低柴油发动机 NO_X 和 PM 排放的新技术,在柴油发动机上的应用也越来越多。

表 8-3 控制 PM 排放的技术措施

控 制 措 施			控 制 技 术
减少干碳烟	抑制干碳烟生成	促使空气进入喷雾内	小喷孔喷油器、控制涡流、增压
		增加吸入空气	多气门、增压、改进进气系统
		提高空气利用率	减少无效容积、改进燃烧室、高压喷射
		加强紊流	高紊流燃烧室、控制涡流
		使燃料均匀分布	喷油器布置在中心位置
		使喷雾微粒化	小喷孔喷油器、高压喷射
	促进干碳烟氧化	促使空气进入喷雾内	小喷孔喷油器、控制涡流、增压
		增加吸入空气	多气门、增压、改进进气系统
		提高空气利用率	减少无效容积、改进燃烧室、高压喷射
		加强紊流	高紊流燃烧室、控制涡流
	后处理	过滤	颗粒过滤器(DPF)
		氧化转换	氧化转换器
减少 SOF	抑制 SOF 生成	促进燃油雾化	小喷孔喷油器、高压喷射
		防止喷油器滴油	小压力室喷油器、VCO 喷油器
		防止润滑油窜入气缸	改进活塞环、缸套
	后处理	过滤	颗粒过滤器(DPF)
		氧化转换	氧化转换器

二、 废气再循环(EGR)控制系统

1. EGR 系统基本原理

废气再循环(EGR)就是将废气中的一部分引入燃烧室中,与新鲜混合气混合后,参与燃烧过程,以降低最高的燃烧温度,同时再循环的废气对新鲜混合气的稀释,也相应降低了氧的浓度,从而使 NO_x 在燃烧过程中生成量受到抑制。

废气再循环量的多少可用 EGR 率表示,它是指再循环的废气量在进入气缸内的气体中所占的比率,即

$$EGR \ 率 = [EGR \ 量/(进气量 + EGR \ 量)] \times 100\%$$

2. EGR 的实现方式

对于非增压的柴油发动机,由于其进、排气管间存在足够的压力差,所以实现 EGR 很容易;而增压柴油发动机实现 EGR 比较困难,这是因为在发动机运行工况下,排气管内的压力低于进气管内的(增压)压力,废气不会自动从排气管流向进气管,为此必须采取一定的措施。

按增压柴油发动机实现 EGR 的途径不同,可分为内部 EGR 和外部 EGR 两种类型。

（1）内部 EGR

内部 EGR 指通过排气门或者特殊设置阀门的开启来实现废气再循环,如日本日野公司开发的内部 EGR 装置如图 8-37 所示,就是通过修改排气凸轮的形状,使排气门在进气行程中稍有提升,让部分高压废气回流到气缸内,从而实现废气再循环。另外,利用 VVT 技术也可以实现内部 EGR 功能。

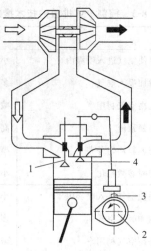

图 8-37　内部 EGR 示意图
1—进气门；2—排气凸轮；
3—EGR 凸起；4—排气门

（2）外部 EGR

外部 EGR 是指将部分废气经由外部管路引入进气系统来实现废气再循环。按将废气引到进气系统的位置不同，外部 EGR 又可分为低压回路 EGR 和高压回路 EGR 两种类型。

① 低压回路 EGR　低压回路 EGR 是将废气引到压气机进口前的低压进气系统中，如图 8-38 所示。低压回路 EGR 系统很容易获得所需要的压力差，但再循环的废气流经压气机和中冷器，使得压气机的进气温度高于设计温度，而且中冷器容易阻塞而导致压力损失增加。

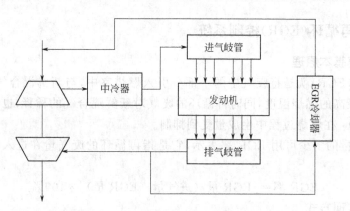

图 8-38　增压发动机低压回路 EGR 系统

② 高压回路 EGR　高压回路 EGR 是将废气引到压气机出口后的高压进气系统中，如图 8-39 所示。高压回路 EGR 系统的再循环废气不经过压气机和中冷器，不存在影响增压装置耐久性和可靠性的问题，目前应用较普遍。但高压回路 EGR 要获得所需要的压力差比较困难。

为保证 EGR 的顺利实现，高压回路 EGR 通常采用的技术措施如图 8-40 所示。图（a）是在EGR 阀前（有些在后）安装一个防逆流阀，以防止 EGR 阀开启时增压空气逆流，但只能利用排气压力的脉动将部分废气压入高压进气系统。图（b）是利用节流阀对增压空气进行节流的方法，降低进气管内的压力，但显然会增加柴油发动机的进气阻力。图（c）是在进气系统中，安装一个文丘里管，利用文丘里管喉口的压降，获得 EGR 所需要的压力差，并可通过调节文丘里管旁通阀的

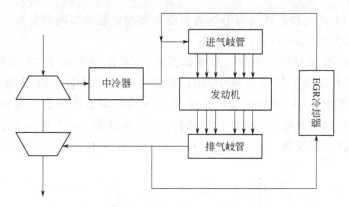

图 8-39　增压发动机高压回路 EGR 系统

开度,来改变 EGR 的有效压差。图(d)是利用专门的 ECR 泵强制进行 EGR,此方法虽然具有较好的灵活性,但由于泵的流量要求很大,采用机械驱动泵又过于庞大昂贵,所以常采用由增压器驱动的 EGR 泵。此外,采用可调叶片式增压压力控制系统,通过调整叶片角度减小废气流经涡轮的有效截面,提高增压器涡轮前排气管内的压力,也是增压柴油发动机实现 EGR 的有效途径。

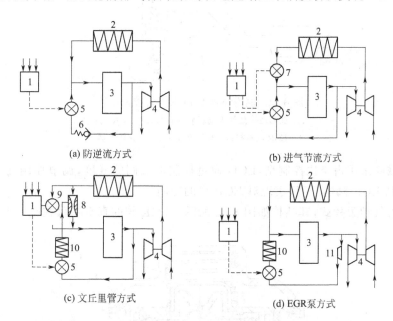

图 8-40　增压柴油发动机高压回路 EGR 措施

1—ECU;2—中冷器;3—柴油发动机;4—废气涡轮增压器;5—EGR 阀;6—防逆流阀;
7—进气节流阀;8—文丘里管;9—文丘里管旁通阀;10—EGR 冷却器;11—EGR 泵

3. EGR 电控系统的组成

EGR 电控系统的功能主要是根据柴油发动机的运行工况控制 EGR 率,各种工况下的最佳 EGR 率预先储存在 ECU 中。EGR 系统尽管能够有效抑制 NO_x 的生成,但会对发动机的动力性、运转稳定性和燃油经济性等产生负面的影响,因此,在大负荷(一般 90％以上)或低转速(一般 750r/min 以下)时,一般不进行废气再循环,而在其它工况(主要是小负荷工况)下,随进气量的增多,废气再循环量也增加。

按控制模式不同,EGR 电控系统可分开环控制系统和闭环控制系统两种类型;按 EGR 阀的驱动方式不同,EGR 电控系统又可分为真空驱动型和电驱动型两种类型。

（1）真空驱动型 EGR 开环控制系统

真空驱动型 EGR 开环控制系统的组成如图 8-41 所示,主要由 EGR 阀和 EGR 电磁阀等组成,EGR 阀安装在废气再循环通道中,用以控制废气再循环量。EGR 电磁阀安装在通向 EGR 阀的真空通道中,ECU 根据发动机转速、负荷和冷却液温度等信号来控制电磁阀的通电或断电。EGR 电磁阀不通电时,控制 EGR 阀的真空通道接通,EGR 阀开启,进行废气再循环;EGR 电磁阀通电时,控制 EGR 阀的真空通道被切断,EGR 阀关闭,停止废气再循环。

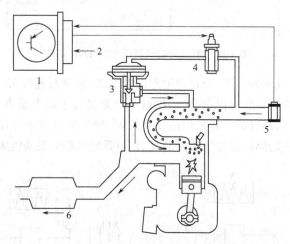

图 8-41　真空驱动型 EGR 开环控制系统
1—ECU;2—柴油发动机转速信号;3—EGR 阀;
4—EGR 电磁阀;5—空气流量计;6—催化转换器

EGR 电磁阀采用占空比控制型,ECU 通过控制电磁阀的开度,调节作用在 EGR 阀上的真空度,以控制 EGR 阀的开度,实现对 EGR 率的控制。

EGR 阀为气动膜片式,其结构如图 8-42 所示。EGR 阀的真空室可在膜片上方,也可在膜

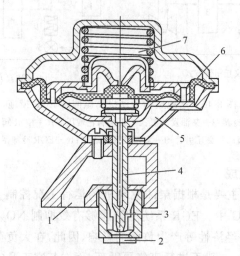

图 8-42　真空驱动型 EGR 阀
1—废气进口;2—废气出口;3—阀;4—膜片拉杆;
5—真空进口;6—膜片;7—回位弹簧

片下方,视具体需要而定;真空驱动膜片动作时,由膜片拉杆带动阀移动,以控制废气再循环,废气再循环量取决于 EGR 阀的开度、排气管压力和进气管真空度。采用真空驱动型 EGR 阀,虽然系统结构复杂、响应速度慢,但 EGR 电磁阀远离高温废气,且真空驱动力比较大。

在开环控制 EGR 系统中,ECU 根据各传感器信号确定发动机工况,并按其内存的 EGR 率与转速、负荷的对应关系进行控制,而对其控制的结果不能进行监测。

（2）电驱动型 EGR 开环控制系统

电驱动型 EGR 开环控制系统的组成如图 8-43 所示,它是利用占空比控制型电磁阀型或步进电动机型 EGR 阀直接控制废气再循环量,对其控制结果是否与目标值一致并不进行监测。与真空驱动型 EGR 系统相比,电驱动型 EGR 系统的突出优点是控制精度高、响应速度快,但由于电驱动装置距离高温废气近,工作环境差,对其工作可靠性要求高。

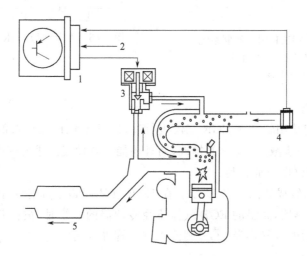

图 8-43　电驱动型 EGR 开环控制系统
1—ECU;2—柴油发动机转速信号;3—电驱动 EGR 阀;
4—空气流量计;5—催化转换器

（3）真空驱动型 EGR 闭环控制系统

如图 8-44 所示为真空驱动型 EGR 闭环控制系统。该系统利用 EGR 阀开度（位置）作为反馈信号。与前述真空驱动型 EGR 开环控制系统相比,只是在 EGR 阀上增设了一个 EGR 阀开度传感器。闭环控制 EGR 系统工作时,ECU 可根据 EGR 阀开度传感器的反馈信号修正电磁阀的开度,使 EGR 率控制精度更高。EGR 阀开度传感器为电位计式或差动电感式。

（4）电驱动型 EGR 闭环控制系统

电驱动型 EGR 闭环控制系统的组成如图 8-45 所示,该系统利用 EGR 率作为反馈信号。EGR 率传感器安装在进气总管中的稳压箱上,新鲜空气经节气门进入稳压箱,参与再循环的废气经电驱动 EGR 阀进入稳压箱,传感器检测稳压箱内气体中的氧浓度（氧浓度随 EGR 率的增加而降低）,并转换成电信号输送给 ECU,ECU 根据此反馈信号修正电驱动 EGR 阀的开度,使 EGR 率保持在最佳值。

由于电驱动型 EGR 闭环控制系统的响应速度快,控制精度更高,所以在现代汽车柴油发动机上应用已越来越广泛。在电驱动型 EGR 系统中,应用较多的电驱动 EGR 阀为电磁阀型,其结构如图 8-46 所示,ECU 通过控制其通电占空比来改变阀的开度,对 EGR 率进行控制;阀开度传感器检测阀杆的实际位置,并将信号输送给 ECU,以实现 EGR 率的闭环控制。

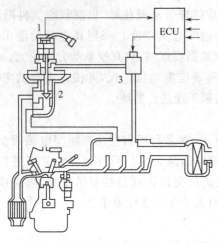

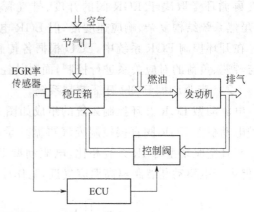

图 8-44　真空驱动型 EGR 闭环控制系统

1—EGR 阀开度传感器；2—EGR 阀；

3—EGR 控制电磁阀

图 8-45　电驱动型 EGR 闭环控制系统

4. EGR 冷却系统

EGR 冷却系统的功用就是对 EGR 气体进行冷却，这不仅使发动机的燃烧温度比用通常 EGR 的更低，从而进一步减少 NO_x 的排放，而且还能有效地提高进气密度，使燃烧更完全，对减少 PM 等污染物排放也非常有利。

EGR 冷却系统的组成如图 8-47 所示。在 EGR 气体回路中加装一个 EGR 冷却器，冷却器的结构类似机油散热器，高温的 EGR 气体流经冷却器的芯管时，被在芯管外部循环流动的冷却液冷却，被冷却后的废气再经 EGR 阀流入进气管进行循环。

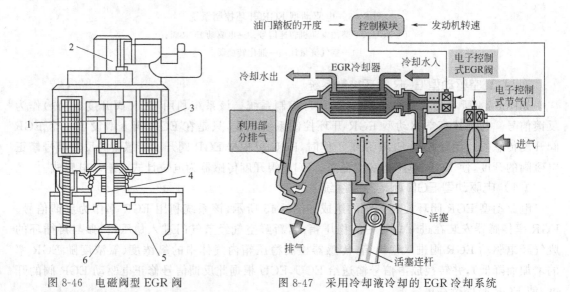

图 8-46　电磁阀型 EGR 阀

1—电枢；2—阀开度传感器；3—电磁线圈；

4—阀杆；5—废气进口；6—废气出口

图 8-47　采用冷却液冷却的 EGR 冷却系统

利用柴油发动机的冷却液对再循环废气进行冷却，效果不够理想，因此，在有些车辆的 EGR 系统中直接采用空气进行冷却，如图 8-48 所示。

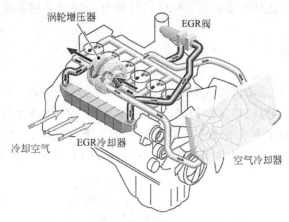

图 8-48　采用空气冷却的 EGR 冷却系统

三、催化转化系统

与汽油发动机类似,为满足日益严格的排放法规要求,柴油发动机除采用更高压力的电控燃油喷射、可变几何的增压中冷、冷却式废气再循环、多气门技术、可变进气涡流等技术外,相应的排气后处理技术的配套应用业已成形。

催化转化系统是柴油发动机排气后处理系统的重要组成部分,它利用安装在柴油发动机排气系统中的催化转化器,使柴油发动机排出的 HC、CO、PM 氧化,或使 NO_X 还原,以达到降低排放污染的目的。因此,柴油发动机装用的催化转化器分两大类:氧化催化转化器和还原催化转化器。

1. 氧化催化转化器（DOC）

氧化催化转化器(Diesel Oxidation Catalyst,简称 DOC)指安装在柴油汽车排气系统中,通过催化剂进行氧化反应,能同时降低排气中一氧化碳(CO)、总碳氢化合物(THC)和柴油颗粒物中可溶性有机物组分(SOF)的催化转化器。

柴油发动机加装氧化催化转换器是一种有效的机外净化可燃污染物常用措施,它是在蜂窝陶瓷载体上负载贵重金属铂、钯作为催化剂,在一定温度及催化剂的作用下,使排气中可溶性有机物氧化,同时排气中 CO 和 HC 也被氧化成 CO_2 和 H_2O,从而降低 HC、CO 和 PM 的排放量。采用氧化催化转化器,能够使柴油发动机 HC 和 CO 排放减少 50%,使 PM 排放减少 50%～70%。

氧化催化器的主要缺点是会将排气中的 SO_2 氧化成 SO_3,生成危害更大的硫酸雾或固态硫酸盐颗粒。所以,开发低硫柴油已经成为世界各国普遍重视的发展目标。

氧化催化转化器的作用原理如图 8-49 所示。单纯的氧化催化转化器,只能减少排气中可燃烧的污染物(HC、CO 和 PM)排放量。随其转化效率的提高,固态硫酸盐颗粒的生成量也增

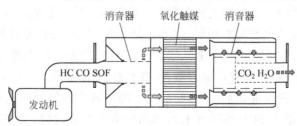

图 8-49　氧化催化转化器作用原理

多,甚至可达到无氧化催化转化器时的 $8\sim9$ 倍,这种负面影响必然会降低使用氧化催化转化器所产生的环境效益。

2. 还原催化转化器

（1）传统技术

还原催化转化器是对发动机排气中的 NO_X 进行后处理的装置。目前应在柴油发动机上的还原催化转化器与汽油发动机基本相同,也是将氧化催化转化技术与还原催化转化技术集成一体,它是在陶瓷格栅底板上涂敷了金属铂和铑等及催化剂涂层,当含有 HC、CO 和 NO_X 的废气流经转化器时,这些污染物被转化为 N_2、CO 和 H_2O,如图 8-50 所示。

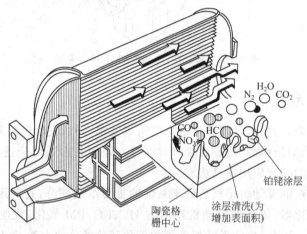

图 8-50　三元催化转化器

在柴油发动机上使用三元催化转化器,除完成纯氧化催化转化器的功能外,对 NO_X 的转化效果并不理想,这主要是因为柴油发动机排气中含氧丰富,潜在的 NO_X 还原剂 CO 和 HC 缺乏,温度也达不到理想范围（$400\sim800℃$）。

（2）选择性催化还原技术（SCR）

"选择性"是指在催化还原转化过程中,利用还原剂的特性优先选择 NO_X 在催化剂作用下一起被氧化,而不是按自然规律先是比较容易氧化的 HC 和 CO 被氧化,从而大大提高转化效率（可达 99%）,它是近年来比较成功的 NO_X 催化还原技术。

目前,柴油发动机上主要采用的适于 NO_X 催化还原的技术是选择性催化还原技术。采用选择性催化还原技术的转化器一般称为选择性还原催化转化器（Selective Catalytic Reduction,简称 SCR）,它是指安装在柴油汽车排气系统中,用于将柴油发动机排气中的氮氧化物（NO_X）催化还原成 N_2 和 O_2 的催化转化系统。该系统需要外加还原剂,例如能产生 NH_3 的化合物（如：尿素等）。

选择性催化还原系统主要由催化转化器和还原剂供给装置组成。选择性催化还原系统所用的催化转化器与传统转化器基本相同,主要采用的催化剂有铂（钯或铑）、铜-沸石、钒-钛等几种类型;采用的还原剂主要有氨（NH_3）、尿素（Urea）及碳氢化物（如柴油等）。

由于尿素具有水溶性好、储存运输方便、价格低廉、使用安全等优点,因此一般选用浓度为 $30\%\sim40\%$ 的尿素水溶液作催化剂（因为此浓度下的尿素水溶液凝固点最低,为 $-11℃$）的选择性催化还原技术（表示为 $SCR\text{-}NO\text{-}NH_3$）,利用尿素产生氨,再用氨来还原 NO_X,具体的催化作用过程方程式为:

$$尿素水解\ CO_2(NH_2)_2 + H_2O \Longrightarrow 2NH_3 + CO_2$$
$$在低温区\ 4NH_3 + 4NO + O_2 \Longrightarrow 4N_2 + 6H_2O$$
$$在低温区\ 4NH_3 + 6NO \Longrightarrow 5N_2 + 6H_2O$$

　　如图 8-51 所示为德国 BOSCH 公司采用的 SCR-NO-NH$_3$ 催化转化电控系统。该系统集氧化催化转化技术、SCR-NO-NH$_3$ 选择性还原催化转化技术于一体。由 ECU 控制的尿素还原剂供给系统主要由排放传感器、尿素溶液温度传感器、排气温度传感器、空气滤清器、尿素溶液箱、尿素溶液供给模块（电控泵）、喷雾器（电控喷射器）等组成，来自空气滤清器的清洁空气与尿素溶液在尿素溶液供给模块中混合，ECU 则根据柴油负荷、排气温度等传感器信号按内存确定最佳喷射量，并通过喷雾器将适量的尿素溶液与空气的混合物喷入 SCR 催化转化器中。由于转化器的转化效率取决于尿素溶液的质量和温度以及排气温度，所以在尿素溶液箱和排气管上安装有温度传感器，以检测尿素溶液和排气的实际温度，并将信号输送给 ECU。此外，在柴油发动机不同负荷下，NO$_x$ 的排放量不同，对尿素溶液的需要量也不同，为精确控制尿素溶液的供给量，在排气管上还安装有排放传感器或称氧化氮传感器，用来检测并向 ECU 反馈处理后的废气中 NO$_x$ 含量，以实现对尿素溶液供给量的闭环控制。安装在 SCR 催化转化器前部的氧化催化转化器，可有效降低 HC、CO 和 PM 的排放量。

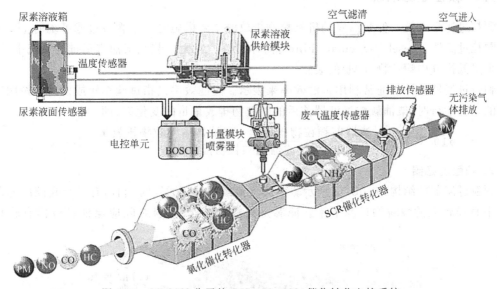

图 8-51　BOSCH 公司的 SCR-NO-NH$_3$ 催化转化电控系统

3. 吸附-催化还原技术（NAC）

　　吸附-催化还原技术包括吸附和催化还原两项技术，其关键技术是吸附技术。该项技术几乎与选择性催化还原技术同时出现，由于成本低、结构相对简单，所以发展速度也很快，但其转化效率略低，一般可达到 70%～90%。

　　（1）吸附技术

　　吸附是一种固体表面现象。它是利用多孔性固体吸附剂处理气态污染物，使其中的一种或几种组分，在固体吸附剂表面，在分子引力或化学键力的作用下，被吸附在固体表面，从而达到分离的目的。

　　在汽车排放物 NO$_x$ 后处理中采用吸附技术，主要是利用充填有 NO$_x$ 吸附剂的吸附器，在富氧条件下将难以催化还原的 NO$_x$ 首先储存起来，再用其它方法进行处理。吸附器类似一个过滤器,但它过滤的是发动机排气中的 NO_X。常用的吸附剂为贵金属、碱金属或碱土金属氧化物,如碳酸钾(K_2CO_3)和金属钡(Ba)等,吸附剂的耐硫性能和高温稳定性也比较差。

（2）催化还原技术

吸附技术通常与催化还原技术集成使用,形成吸附-催化还原技术。因为当吸附剂吸附的 NO_X 到一定量后,必须采取使吸附剂"再生",否则因吸附剂失去活性而不能继续发挥其作用。"再生"是指通过去除吸附剂吸附的,使吸附剂恢复其原有的活性(即吸附能力)。

在吸附-催化转化器中,吸附剂再生的方法一般是在转化器上配置预热空气鼓风机和预热器,当吸附剂中吸附了规定量的 NO_X 后,利用热风使 NO_X 从吸附剂中分离出来,而后在催化剂(如铂等)作用下,使 NO_X 与还原剂(如 HC、CO、H_2)发生反应,生成无害的 N_2、C_2O 和 H_2O。还原剂一般是利用柴油发动机在排出的 HC 和 CO,由于柴油发动机在一般工况下的 HC 和 CO 排放低,不能满足 NO_X 还原的需要,因此柴油发动机的电控系统必须具有与其相适应的功能,即:每隔一定时间(一般约 1min),通过加大废气再循环量或推迟喷油正时,来增加 HC 和 CO 排放,以保持较高的 NO_X 转化效率。不过,采用这种措施来控制排放污染,会对柴油发动机的燃油经济性带来一定的负面影响。

四、颗粒过滤系统

颗粒过滤是有效降低柴油发动机颗粒物排放的主要措施之一。颗粒过滤系统的主要装置就是颗粒过滤器(Diesel Particulate Filter,简称 DPF),它是安装在柴油汽车排气系统中,通过过滤来降低排气中颗粒物(PM)的装置。

颗粒过滤器的性能通常利用过滤效率来表示。过滤效率是指试验车辆或发动机按照某种指定的工况运行时,柴油颗粒过滤器前后的颗粒物排放重量的变化率,即

$$过滤效率=\frac{过滤器前颗粒物排放量-过滤器后颗粒物排放量}{过滤器前颗粒物排放量}\times100\%$$

1. 颗粒过滤器

颗粒过滤器的结构如图 8-52 所示。当废气流经颗粒过滤器时,利用有极小孔隙的滤芯将废气中直径较大的颗粒物过滤下来。滤芯是颗粒过滤器的主体,除应保证过滤器有较高的

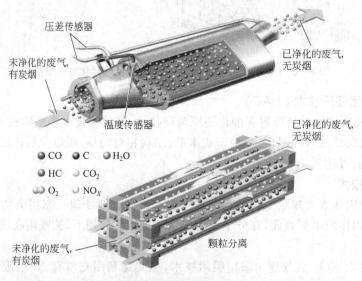

图 8-52　颗粒过滤器

过滤效率外,还应具有较高的机械性能、热稳定性能和耐热性能,具有较小的热膨胀系数、流通阻力和质量。目前,最常使用的过滤材料有:金属丝网、陶瓷纤维、泡沫陶瓷和壁流式蜂窝陶瓷等。

2. 过滤器再生技术

颗粒过滤器对碳的过滤效率较高,可达到 60％。简单的过滤器只能物理性的降低颗粒排放,随着过滤下来的颗粒积累,会造成柴油发动机排气背压增加,当排气背压达到 16～20kPa 时,柴油发动机性能开始恶化,因此必须定期除去过滤器中的颗粒,使过滤器恢复到原来的工作状态,即过滤器再生。

再生技术是研制颗粒过滤器的关键。过滤器再生方式可分为被动再生和主动再生。

（1）过滤器被动再生

过滤器被动再生是指集催化转化技术和颗粒过滤技术于一体,利用柴油发动机排气本身所具有的能量(热量)进行再生。但在正常工作条件下,柴油发动机排气温度一般在 200～500℃,而颗粒物的燃点一般在 500～600℃,因此,依靠柴油发动机的排气温度很难使过滤器再生。为能在多种工况下提高过滤器的"再生效率",使颗粒物的温度高于其最低氧化温度十分必要,通常采用降低颗粒着火最低温度或者提高排气温度的方法来实现。

颗粒过滤器再生的效果通常用再生效率来表示。过滤器再生效率是指在规定的颗粒物加载水平(指过滤器加载后和加载前的重量增加量)下进行再生,其再生前后的重量变化率,即

$$过滤器再生效率 = \frac{过滤器再生前的重量 - 过滤器再生后的重量}{过滤器再生前的重量} \times 100\%$$

利用催化剂降低颗粒着火最低温度的过滤器称为催化型柴油颗粒过滤器(Catalyzed Diesel Particulate Filter,简称 CDPF),其结构与简单的过滤器基本相同,只是在过滤器的滤芯上负载催化剂,催化剂具有降低颗粒物氧化反应所需温度的作用。

采用提高排气温度的方法来实现过滤器再生,实际是将氧化催化转化器(DOC)与颗粒过滤器(DPF)集成一体。通常为提高再生效率,将 DOC 与 CDPF 集成一体,它利用安装在滤芯前的氧化催化剂,使排气中的 HC、CO 等可燃成分加速氧化提高排气温度,为颗粒物氧化创造有利的温度环境,并利用负载在滤芯上的催化剂降低颗粒物氧化反应所需的温度,温度一增一减都有利于实现过滤器的被动再生。DOC＋DPF 的结构如图 8-53 所示。

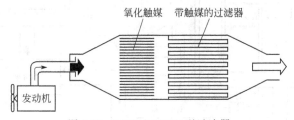

图 8-53　DOC＋CDPF 型过滤器

采用被动再生技术的颗粒过滤器,在柴油发动机工作中,在降低颗粒物排放的同时,也在连续不断地进行着再生,故又称为"连续再生式颗粒过滤器"。

（2）过滤器主动再生

过滤器主动再生是指利用外加能源使颗粒物过滤器(DPF)内部温度达到颗粒物的氧化燃烧温度而进行的再生。

　　根据外加能源类型的不同,过滤器主动再生系统主要分为电加热主动再生系统和燃烧器加热主动再生系统两种类型。

　　① 电加热主动再生系统　电加热主动再生系统的组成如图 8-54 所示。在过滤器的前面加装一个电加热器,后面加装一个压缩空气罐,由 ECU 根据排气压力传感器信号(反应过滤器堵塞情况)确定过滤器是否需要再生,并通过控制各电磁阀和加热器的工作,来完成过滤器再生。排气压力未达到设定值时,说明过滤器内的颗粒积累不多,加热器不通电,电磁阀 1、3、5 关闭,电磁阀 2 和 4 开启,废气经电磁阀 2、过滤器和电磁阀 4 排入大气。当排气压力达到设定值时,ECU 发出指令将电磁阀 2 和 4 关闭,并开启电磁阀 5 使废气不经过滤器直接排入大气;同时,利用脉冲指令控制电磁阀 1 和 3 使压缩空气罐放出高压脉冲气流,气流将过滤器中的颗粒反吹进电加热器中燃烧掉,从而实现过滤器的再生。在上述电加热主动再生系统中,以用微波加热器取代电加热器,形成微波加热主动再生系统。

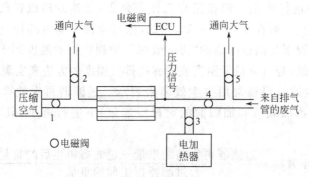

图 8-54　电加热主动再生系统

　　有些电加热主动再生系统,将加热器置于过滤器内,如图 8-55 所示。其工作原理与外置加热器式基本相同,但内置加热器使颗粒物燃烧在过滤器内进行,容易导致过滤器因高温而损坏,而且颗粒物燃烧后的灰烬不易排出。

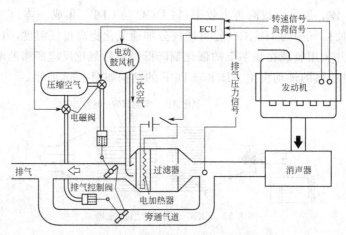

图 8-55　内置电加热主动再生系统

　　② 燃烧器加热主动再生系统　燃烧器加热主动再生系统的组成如图 8-56 所示。在过滤器前安装一个燃烧器,当过滤器需要再生时,用喷油器向燃烧器喷入少量燃油,并通过空气压缩机向燃烧器供给二次空气,利用火花塞点燃燃油,燃烧所产生的热量使过滤器中沉积的颗粒物快速燃烧掉,实现过滤器的再生。再生过程一般需 1~2min。

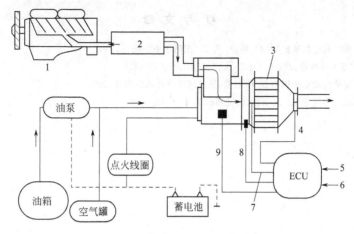

图 8-56 燃烧器主动再生系统

1—柴油发动机；2—消声器；3—过滤器；4—出口温度信号；5—转速信号；6—负荷信号；
7—排气压力信号；8—进口温度信号；9—燃烧器温度信号

复习思考题

1. 柴油发动机的启动预热装置有几种类型？说明其基本原理。
2. 电控柴油发动机怠速控制系统的主要控制功能有哪些？控制目的是什么？如何控制？
3. 电控柴油发动机进气节流控制系统的主要功能是什么？如何控制进气节流？
4. 简述可调叶片式涡轮增压器的工作原理。
5. 柴油机的主要排放污染物是什么？主要控制方法有哪些？
6. 为什么要对 EGR 进行冷却？如何冷却？
7. 颗粒物过滤器的作用是什么？再生的方法有哪几种？

参 考 文 献

[1] 严安辉. 汽车柴油发动机电控系统原理与检修. 北京：国防工业出版社,2007.

[2] 张西振 田有为. 汽车柴油机电控技术. 北京：人民交通出版社,2007.

[3] 张月相. 电控汽车柴油发动机培训教程.哈尔滨：黑龙江科学技术出版社,2007.

[4] 赖瑞海. 电控柴油机结构与原理. 北京：人民交通出版社,2008.